DR. OETKER

TÜRKEI

KULINARISCH

DR. OETKER

TÜRKEI KULINARISCH

CERES

Jeder, der in der Türkei schon einmal Urlaub gemacht hat, wird sich vielleicht noch seines Erstaunens erinnern, angesichts der ungeahnten Vielfalt der dort angebotenen Speisen, ihrer wunderbaren Bekömmlichkeit und des verführerischen Hauchs Exotik, der über allen Gerichten schwebt.
Wo sonst als in der Türkei kommen so viele Strömungen aus dem Abend- und Morgenland zusammen und hinterlassen ihre Spuren in Küche, Kunst und Kultur. Das Tagesangebot auf den Märkten ist der Ausgangspunkt für die phantasievolle Küche des Orients, und ihr Geheimnis liegt nicht zuletzt auch in der spontanen Variation. Deshalb stellt dieses Rezeptbuch keine festen Regeln auf, sondern gibt köstliche Anregungen. Lassen Sie sich inspirieren! Afiyet olsun – Wohl bekomm's!

Nasreddin Hodscha, dem legendären weisen Schalk im anatolischen Akşehir des 13. Jahrhunderts, schwärmt eines Tages ein Bekannter von einem Leberragout vor. Hodscha schreibt sich das Rezept auf. Abends klappert er den Markt nach der besten Leber ab und kehrt mit ihr in der Hand gedankenverloren nach Hause zurück. Plötzlich stürzt sich ein Habicht auf die Leber, schnappt sie sich und fliegt wieder pfeilschnell in die Höhe. Hodscha fängt sich sofort, streckt die Faust gen Himmel: „Bemüh' dich nicht, denn das Rezept hab' ich – du kannst sie nicht genießen!"

Hodscha hat die Leber vermutlich nicht wiederbekommen. Wir jedoch haben uns bemüht, das Rezept jenes Leberragouts ausfindig zu machen. Von Zentralasien bis Wien werden seine Geschichten mündlich wiedergegeben, und unsere Recherche hat nebst vielen lustigen Anekdoten zwar nicht jenes Leberragoutrezept, jedoch andere Leckereien zu Tage gefördert. Gesammelt in diesem Kochbuch, zur werten Aufmerksamkeit und Verwendung der geneigten LeserInnen und zukünftigen KöchInnen!

Die Kochkunst in der Türkei ist neben der Küche Chinas und Frankreichs eine der raffiniertesten der Welt. Sie bietet Abwechslung der Gerichte in solchem Umfang, daß man leicht über ein Jahr lang jeden Tag eine andere Hauptmahlzeit mit mindestens drei Gängen zubereiten könnte. Deswegen vermögen wir in diesem Kochbuch nur einen Ausschnitt wiederzugeben.

Es wird oft geglaubt, türkische Gerichte müßten scharf gewürzt, sehr knoblauch- und olivenölhaltig sein; das ist ein Irrtum. Gewürzt wird hauptsächlich mit Salz, Pfeffer, Zwiebeln, frischen Kräutern, oft auch mit frischen Tomaten und natürlich auch ein wenig mit Knoblauch. Es gibt auch stärker gewürzte Gerichte, die aus dem arabischen Raum oder vom Balkan stammen. Jedoch: vorsichtigen Umgang mit Butter, Öl, Mehl und Zucker vorausgesetzt, ist die türkische Küche sehr bekömmlich und leicht; daher braucht sie auch gar keine *nouvelle cuisine*. Die Zubereitung ist recht einfach, was dem Eigengeschmack der frischen Zutaten zugute kommt. Und gerade das ist das Raffinierte an ihr!

Sorgfältiges Aussuchen beim Einkaufen ist die erste Voraussetzung für schmackhaftes Essen. Die Märkte in der Türkei lachen in den schönsten Farben der dort angebotenen Früchte und Gemüsesorten. Auch hier in Deutschland bieten türkische Lebensmittelhändler in der Regel sehr gute und frische Ware an. Von Aal bis Zwiebel oder Apfel bis Zwetsche ist fast alles vorhanden. Und hier bitte Vorsicht: Vor lauter Begeisterung nicht zuviel einkaufen! Denn Frische heißt unsere wichtigste Devise!

Anders als in nördlichen Ländern ist das Frühstück eher nebensächlich, sogar karg: schwarzer Tee, Schafskäse, Oliven, Marmelade, Brot und Butter oder oft Margarine. Ein Tip an diejenigen, die schwarzen Tee im Samowar zubereiten wollen: Nehmen Sie nur den für Samowar geeigneten, speziell fermentierten Tee! Andere Sorten werden bitter und ungenießbar.

Da es in den meisten Landesgegenden der Türkei relativ heiß ist, werden den gesamten Tag über an allen Orten Erfrischungsgetränke feil- und angeboten: Tee (nicht nur schwarzer), Kaffee, Mocca, *Ayran* (Joghurtgetränk), Mineralwasser, Obstsäfte und kühles Wasser, oft kostenlos… Ob auf einem Schiffsdeck, beim Friseur oder Einkaufen – Sie werden als erstes gefragt: «Ne içersiniz?» – „Was möchten Sie trinken?“
Im übrigen wird Bier, zumindest in größeren Städten, als *Soft-Drink* betrachtet. Wenn Sie in einem Lokal essen, wo kein Alkohol ausgeschenkt wird, können Sie ruhig nach einem Bier fragen; der Gastwirt wird es für Sie im nächsten Laden besorgen.

Während des Tages wird nicht groß gegessen; irgendeine salzige oder süße Kleinigkeit kann man jederzeit überall bekommen und mit schweifenden Blicken auf das Treiben in Straßen und Märkten

verdrücken. Es gibt auch zahllose kleinere und größere Lokale, die den ganzen Tag über warme Gerichte bereithalten. Die Speiseaufnahme ist nicht an irgendwelche Zeiten gebunden. Wichtig ist das gemeinsame Abendessen.

Ein Festessen ist jedoch in der Türkei, wie auch in anderen südlichen Gefilden, ein kulturelles Ereignis, etwas, das Familie und FreundInnen bei gemeinsamen Genüssen zusammenschweißt. Seien Sie über das umfangreiche Menü nicht erschrocken! Von allem wird wenig gegessen, um für alles Platz zu haben. Zwischendurch wird geplaudert, gescherzt, gelacht und natürlich auch getrunken und geraucht. Dann geht es weiter mit der nächsten Delikatesse. Zeit ist hier wichtig, oder vielmehr: Zeit spielt keine Rolle, sie wird hierfür genommen, wie in anderen südlichen Ländern…
Allein das genüßliche Verweilen bei den einfallsreichen kalten und warmen *Meze* (kleine Häppchen und Vorspeisen) kann

abend- und magenfüllend sein. Und für das Auge wird auch etwas geboten – in den vielen buntgefüllten Schälchen.

Eine festliche türkische Tafel umfaßt als klassische Speisenfolge:

kalte Vorspeisen
warme Vorspeisen
Fisch oder Meeresfrüchte
Fleischgericht
Geflügel oder Wild
warme Gemüsegerichte
kalte Gemüsegerichte
Teigwaren oder Reisgericht
Suppe
Süßspeisen
frisches Obst
Mocca

Es muß keineswegs immer so üppig zugehen. Etwas Schafskäse, eine kleine reife Honigmelone, ein paar Oliven, Kichererbsen oder Nüsse, vielleicht noch einige kleine *Köfte*, gebratene Muscheln und Kartoffeln... Fertig ist eine bescheidene *Rakı*tafel!
Zu allen salzigen Speisen wird Brot gegessen, auch zu Teigwaren oder Reis. Aber bitte, das ist kein Zwang, sondern ein Überbleibsel aus ärmeren Zeiten. Außerdem heißt es ja: von allem ein wenig, auch vom Brot.

Menschen, die keinen Alkohol mögen, trinken zum Essen Wasser oder *Ayran*. Andere haben die Wahl zwischen anerkannt schmackhaften türkischen Weinen und Bier. (In der Türkei werden sehr gute Biere in Lizenz gebraut.) Die Königin der Getränke an einer solchen Tafel ist jedoch *Rakı*. Das ist ein doppelt destillierter, mit Anisöl gewürzter Schnaps aus Trauben (genauer: Trester) oder noch feiner aus Rosinen. *Rakı* wird während des Essens als Appetitanreger in kleinen Schlucken getrunken und mit kühlem Wasser nachgespült, damit sich sein unvergleichlicher Geschmack in Mund und Gaumen entfalten kann. Viele Menschen mischen *Rakı*, Wasser und Eis im Glas und trinken dann diese fertige milchfarbene Mischung, was natürlich seine Vorteile hat: Das Getränk sieht dann von weitem für Strenggläubige und für Allah wie *Ayran* oder Milch aus.

Leider wird *Rakı* in Deutschland von vielen

türkischen Gastwirten zum falschen Zeitpunkt ausgegeben, auf eine sogar medizinisch fragwürdige Art: als sogenannter Verdauungsschnaps. Der Wirt sollte seinen Gästen *Rakı* als Aperitif anbieten, wenn er einen ausgeben will. (Aber Ausnahmen bestätigen die Regel: die türkische Gastwirtin eines guten türkischen Restaurants in Heidelberg machte es richtig.)
Die hierzulande übliche Zubereitung des *Döner Kebab* hat mittlerweile mit dem klassischen sich *drehenden Röstfleisch* nur noch den Namen und den speziellen Ofen gemeinsam. Auf den Riesenspieß kommen ursprünglich vier Sorten Bratgut von hoher Qualität: Kalbfleisch, Lammfleisch, Gehacktes vom Lamm und evtl. Innereien. In der Türkei geht man zum *Döner Kebab*-Essen aus, zu einem guten *Kebabcı*. Deswegen wird in diesem Buch auch kein Rezept angegeben. Außerdem: Wer hat schon zu Hause einen solchen senkrechten Ofen?

Die türkische Kochkunst ist eine der vielfältigsten der Welt. Denn im Kochtopf der türkischen Küche verschmelzen viele Kulturen: Mittelasien, Nordafrika, Vorderer Orient, Anatolien, Griechenland, Balkan, Kaukasus…

Die einmalige geographische Lage der Türkei bietet ausgezeichnete Voraussetzungen für die Entfaltung dieses gastronomischen Reichtums. Alles ist da, fast im Überfluß: z.B. Tee, Mais und Nüsse entlang des Schwarzen Meeres, Weizen in den heißen Ebenen Mittelanatoliens, Weintrauben in den Tälern des Euphrat und des Tigris, Schafherden auf den Bergweiden des Taurus bis zu den Steppen der mesopotamischen Tiefebene, Reis im Ceyhan-Flußbecken, in Flußnähe sommerlicher Melonenanbau, an der Küste des Mittelmeeres Auberginen, Tomaten und Obst, in der thrakischen Ebene Zuckerrüben und Sonnenblumen und im ägaischen Mittelgebirge zwischen İzmir und Marmara endlose Olivenhaine!
Und durch große Fischschwärme zwischen dem Schwarzen und dem Ägäischen Meer das ganze Jahr hindurch fangfrischen Fisch – gekauft wird, was als Tagesfang geboten wird.

Und wie lautet das schönste Lob für Köchin oder Koch? *Eline sağlık!* Was in etwa heißt: „Gesund sollen deine Hände bleiben!"

Ob heiß oder kalt, ob am Tisch serviert oder vom Buffet gewählt: Vorspeisen werden in der Türkei heiß geliebt und lassen garantiert keinen kalt. Denn die kleinen und auch größeren Appetithäppchen – Leckerbissen im wahrsten Sinne des Wortes – sind meist so verlockend, daß man sich am liebsten an ihnen satt essen möchte.
Aber Vorsicht! Diese pikanten Verführer sind stets nur der geschmackvolle Auftakt zum eigentlichen Menü. Also bitte Maß halten, auch wenn's schwer fällt angesichts der lecker-leichten Salate, der knackigen Gemüse, der gefüllten Weinblätter, der diversen Teigzigaretten, all der Pasten und Pasteten aus Käse, Joghurt und Kräutern…

Domatesli Patlıcan

Auberginen-Tomaten-Teller
(Foto Seite 18/19)

2 große Auberginen (à 300 g)
2 Zitronen
Salz
500 ml (1/2 l) Wasser
100 ml Olivenöl
2 Knoblauchzehen
1 Zwiebel
2 Peperoni
4 Tomaten
grober schwarzer Pfeffer
100 g schwarze Oliven

Auberginen putzen, waschen und in kleine Würfel schneiden. In kochendem Wasser kurz blanchieren. Zitronen auspressen und die Hälfte des Zitronensaftes in eine Schüssel geben. Salz und Wasser hinzugeben und die blanchierten Auberginen darin etwa 10 Minuten marinieren lassen.
In der Zwischenzeit Olivenöl in eine zweite Schüssel geben. Knoblauchzehen und Zwiebel abziehen und fein hacken. Peperoni putzen, waschen, entkernen und in feine Streifen schneiden. Alles zum Olivenöl geben und mit Salz und dem restlichen Zitronensaft abschmecken. Tomaten waschen, Stielansatz entfernen, in Scheiben schneiden. Tomatenscheiben auf Teller legen. Die eingelegten Auberginenwürfel gut abtropfen lassen und mit der Sauce vermischen, auf den Tomatenscheiben anrichten. Mit Pfeffer bestreuen, mit Oliven garnieren.

Domates Salçalı Yaprak Sarması

Gefüllte Weinblätter in Tomatensauce

100 g frische oder eingelegte Weinblätter
125 ml (1/8 l) Olivenöl
1 Bund Frühlingszwiebeln
2 Knoblauchzehen
1 TL Salz
125 g Rundkornreis
100 g eingeweichte Korinthen
100 g Pinienkerne
200 ml Geflügelbrühe
Salz, Pfeffer
1 TL abgeriebene Zitronenschale (unbehandelt)
1/2 TL Zimt
1 Messerspitze Cayennepfeffer

Für die Tomatensauce:
2 EL Olivenöl
1 Zwiebel
4 Tomaten
Salz, Pfeffer
1 TL Thymian
Saft von 1 Zitrone
1/2 Bund Petersilie

Die Weinblätter abspülen, gut abtropfen lassen, auf einer Arbeitsfläche auslegen. Das Olivenöl in einem Topf erhitzen, die Frühlingszwiebeln putzen, abspülen, in dünne Streifen schneiden, mit den abgezogenen, in Salz zerriebenen, abgezogenen Knoblauchzehen ins Olivenöl geben, glasig dünsten. Den Reis abspülen, gut abtropfen lassen, mit den Korinthen und den Pinienkernen zu den Frühlingszwiebeln geben und kurz andünsten. Die Geflügelbrühe angießen, mit Salz, Pfeffer, Zitronenschale, Zimt, Cayennepfeffer kräftig würzen und den Reis bei mäßiger Hitze etwa 20-25 Minuten ausquellen lassen.Während des Garens öfter umrühren. Für die Tomatensauce das Olivenöl in einem Topf erhitzen und die geputzte und in feine Würfel geschnittene Zwiebel darin andünsten. Die Tomaten enthäuten, entkernen, in Würfel schneiden, zur Zwiebel geben. Mit Salz, Pfeffer, Thymian und Zitronensaft würzen und einmal aufkochen lassen. Die Reisfüllung gleichmäßig auf die Weinblätter verteilen, die Weinblätter zusammenrollen und zusammendrehen. Eng aneinander in die Tomatensauce legen. Den Topf verschließen und bei mäßiger Hitze die Weinblätter 15-20 Minuten garen. Nach Ende der Garzeit anrichten, die Sauce nochmals abschmecken, warm oder kalt servieren. Petersilie waschen, trockentupfen, fein hacken und über die Weinblätter geben.

Kabak Kremasi

Zucchinicreme

20 g Butter
20 g Weizenmehl
250 ml (1/4 l) Milch
2 mittelgroße Zucchini
Saft von 1 Zitrone
2 EL Olivenöl
1 Knoblauchzehe
5 EL Wasser
4 EL Schafskäse
Salz
frisch gemahlener Pfeffer
einige Tropfen Zitronensaft
1 Prise Cayennepfeffer
1 Prise Zucker
1/2 Bund Petersilie

Die Butter in einem Topf zerlassen und das Mehl unter Rühren so lange darin erhizten, bis es hellgelb ist. Milch hinzugießen, mit einem Schneebesen durchschlagen, darauf achten, daß keine Klümpchen entstehen, etwa 5 Minuten kochen lassen. Die geputzten Zucchini abspülen und trockentupfen. Die Zucchini klein schneiden und mit Zitronensaft beträufeln. Das Olivenöl in einer Pfanne erhitzen und die abgezogene, feingehackte Knoblauchzehe darin andünsten. Die Zucchiniwürfel ins Knoblauchfett geben und andünsten. Mit Wasser ablöschen und bei mäßiger Hitze im verschlossenen Topf weichdünsten. Anschließend das Gemüse im Mixer oder mit dem Pürierstab pürieren. Den Schafskäse in der warmen Milchsauce auflösen. Das Gemüsepüree und die Milchsauce miteinander vermischen. Die Creme mit Salz, Pfeffer, Zitronensaft, Cayennepfeffer und Zucker kräftig würzen. Die Zucchinicreme vollständig erkalten lassen und zum Schluß die verlesene, gewaschene und feingehackte Petersilie unterheben. Die Zucchinicreme anrichten, mit Weißbrot oder Gemüsestückchen garniert servieren.

Kıymalı Sigara Böreği

Hackfleischgefüllte Teigzigaretten
(Titelfoto)

1 Packung Tiefkühl-Blätterteig (300 g)
4 EL Olivenöl
500 g Rinderhack
1 Zwiebel
1 Peperoni
2 Knoblauchzehen
Salz
Oregano
2 EL Tomatenmark
1 Bund glatte Petersilie
frisch gemahlener Pfeffer
1 TL Paprikapulver edelsüß
1 Eiweiß
Wasser
Olivenöl zum Ausbacken

Die Blätterteigscheiben bei Zimmertemperatur auftauen lassen. Das Olivenöl in einer Pfanne erhitzen und das Rinderhack darin rundherum kräftig Farbe nehmen lassen. Die Zwiebel abziehen, fein hacken, mit der geputzten, gehackten Peperoni und den mit Salz zerriebenen Knoblauchzehen zum Fleisch geben und mitbraten. Das Tomatenmark unterrühren und die verlesene, gewaschene und gehackte Petersilie unterrühren. Mit Salz, Pfeffer, Paprika und Oregano kräftig würzen. Die Blätterteigscheiben aufeinanderlegen, zu einem Rechteck von 24 x 45 cm ausrollen. Daraus kleine Rechtecke von 8 x 15 cm schneiden. Die Füllung gleichmäßig auf einer Seite, der Länge nach, auf die Rechtecke verteilen, mit dem verschlagenen Eiweiß bestreichen. Nun die Rechtecke zusammenrollen, die Ränder gut festdrücken. Die Teigzigaretten in schwimmendem Olivenöl goldgelb ausgebacken. Warm oder kalt servieren.

Tarama

Kaviar-Creme

Für 20 Portionen:
3 Scheiben Toastbrot
125 ml (1/8 l) Milch
2 abgezogene Knoblauchzehen
1 Prise Zucker
frisch gemahlener Pfeffer
1 Prise Piment
3 EL Zitronensaft
75 g roter Fischrogen (Kaviar)
6 EL Olivenöl
1 Becher Sahnejoghurt (150 g)

Toastbrot entrinden und in Milch einweichen. Knoblauchzehen abziehen, fein hacken. Das Toastbrot ausdrücken, mit Knoblauch, Zucker, Pfeffer, Piment, Zitronensaft mischen. Fischrogen evtl. etwas wässern, in kleinen Portionen dazugeben und mit dem Pürierstab langsam pürieren. Nicht heiß werden lassen, da die Masse sonst bitter wird. Anschließend das Olivenöl in dünnem Strahl so lange zugeben, bis die Sauce die Konsistenz einer Mayonnaise bekommt. Zum Schluß den Sahnejoghurt unterrühren. Gut gekühlt servieren.

Fırında Kaşar Peynirli Sebze

Gemüseschmorpfanne mit Käse

125 ml (1/8 l) Olivenöl
1 TL Salz
2 Knoblauchzehen
1 Zwiebel
1 rote Paprikaschote
1 grüne Paprikaschote
1 Zucchini
1 kleine Aubergine
1 EL Salz
1 Dose geschälte Tomaten (420 g)
5 EL Essig
Saft von 1 Zitrone
2 EL Honig
1 TL Thymian
1 TL gemahlener Kreuzkümmel
Salz
frisch gemahlener Pfeffer
200 g geriebener Kaşar-Käse (Schafskäse)
1 Bund Petersilie

Das Olivenöl in einer Schmorpfanne erhitzen und die abgezogenen, mit Salz zerriebenen Knoblauchzehen darin andünsten. Die Zwiebel abziehen, fein hacken, ins Knoblauchfett geben und kurz mitdünsten. Die Paprikaschoten halbieren, entkernen, die weißen Scheidewände entfernen, abspülen, gut abtropfen lassen, in Würfel schneiden und zu den Zwiebeln geben. Die Zucchini putzen, abspülen, trockentupfen und ebenfalls in Würfel schneiden.
Die Aubergine putzen, in Würfel schneiden und mit Salz bestreuen. Im Kühlschrank mindestens 10 Minuten ziehen lassen. Anschließend die Auberginenwürfel abspülen, gut abtropfen lassen, mit den Zucchiniwürfeln zu dem restlichen Gemüse geben. Die geschälten Tomaten mit einer Gabel zerdrücken und unter das Gemüse heben. Essig, Zitronensaft, Honig, Thymian, Kreuzkümmel unterrühren, mit Salz und Pfeffer würzen. Den Schmortopf in den vorgeheizten Backofen schieben und bei 180 °C das Gemüse 20-25 Minuten garen.
Anschließend den geriebenen Käse über das Gemüse streuen. Bei 220 °C 5-8 Minuten den Käse schmelzen lassen. Danach das Gemüse anrichten, mit der verlesenen, gewaschenen und feingehackten Petersilie bestreut servieren.

Domates Salatası

Tomaten-Gurken-Salat

4 Tomaten
1 kleine Salatgurke
1 Zwiebel
Salz
frisch gemahlener Pfeffer
200 g Schafskäse
125 ml (1/8 l) Olivenöl
5 EL Essig
Saft von 1 Zitrone
1 Bund Schnittlauch

(Fortsetzung Seite 24)

Die Tomaten und die Salatgurke abspülen, trockentupfen. Von den Tomaten den Stielansatz entfernen, die Tomaten in Scheiben schneiden. Die Salatgurke ebenfalls in Scheiben schneiden. Beides schichtweise auf einer Platte anrichten. Die Zwiebel abziehen und fein hacken, über die Tomaten und Gurken streuen. Das Gemüse mit Salz und Pfeffer kräftig würzen und den zerbröckelten oder kleingeschnittenen Schafskäse darübergeben. Das Ganze mit Olivenöl, Essig und Zitronensaft beträufeln. Den Salat im Kühlschrank mindestens 10-15 Minuten ziehen lassen. Vor dem Servieren die Tomaten- und Gurkenscheiben nochmals wenden, mit Salz und Pfeffer würzen und mit abgespültem, frisch geschnittenem Schnittlauch bestreuen.

Peynirli Muska Böreği

Gefüllte Schafskäsetaschen
(Foto -12 Sück)

1 Packung Tiefkühl-Blätterteig (300 g)
3 EL Olivenöl
2 Frühlingszwiebeln
1 rote Paprikaschote
1 Peperoni
2 Tomaten
200 g Schafskäse
1 Bund glatte Petersilie
Salz
frisch gemahlener Pfeffer
1 TL gemahlener Kreuzkümmel
1 Prise Cayennepfeffer
1 TL abgeriebene Zitronenschale (unbehandelt)
1 Eiweiß
1 EL Wasser
Öl zum Ausbacken

Den Blätterteig bei Zimmertemperatur auftauen lassen. Für die Füllung das Olivenöl in einer Pfanne erhitzen. Die geputzten Frühlingszwiebeln und die geputzte Paprikaschote abspülen und gut abtropfen lassen. Die Frühlingszwiebeln und die Paprikaschote in feine Streifen oder Würfel schneiden, ins Olivenöl geben und kurz andünsten. Die geputzte, feingehackte Peperoni dazugeben und kurz mitdünsten. Das Gemüse von der Kochstelle nehmen. Die enthäuteten, entkernten und in Würfel geschnittenen Tomaten sowie den kleingeschnittenen Schafskäse unter das Gemüse mischen. Die Petersilie verlesen, waschen, gut abtropfen lassen, fein hacken und ebenfalls unterheben. Die Füllung mit Salz, Pfeffer, Kreuzkümmel, Cayennepfeffer und Zitronenschale kräftig würzen. Die Blätterteigscheiben aufeinander legen, zu einem Quadrat von 32x32 cm ausrollen. Daraus kleine Quadrate von 8x8 cm schneiden. In die Mitte jeweils gut 1 Teelöffel Füllung geben. Die Ränder mit dem verschlagenen Eiweiß bestreichen, zu Taschen zusammenlegen. Die Ränder fest andrücken. Vor dem Servieren die Schafskäsetaschen in schwimmendem Öl goldgelb ausbacken, herausnehmen, gut abtropfen lassen, kalt oder warm servieren.

Mücver

Zucchinipuffer mit Zitronenjoghurt
(Foto)

Für die Zucchinipuffer:

600 g Zucchini
1 Zwiebel
Saft von 1 Zitrone
75 g Weizenmehl
4 Eier
Salz
frisch gemahlener Pfeffer
2 EL gehackte Pfefferminze
2 EL gehackte Zitronenmelisse
2 EL gehackter Dill
Olivenöl zum Braten

Für den Zitronenjoghurt:

400 g Joghurt
Saft von 1 Zitrone
1/2 Bund Zitronenmelisse
1 EL Honig
1/2 TL Kreuzkümmel
1 Messerspitze Cayennepfeffer
Salz
frisch gemahlener Pfeffer

Die Zucchini putzen, waschen und abtropfen lassen. Die Zwiebel abziehen. Zucchini und Zwiebel mit einer Gemüsereibe fein raspeln und in eine Schüssel geben. Das Gemüse mit dem Zitronensaft beträufeln. Das Weizenmehl und die Eier dazugeben und alles zu einem Teig verarbeiten. Den Zucchiniteig mit Salz und Pfeffer kräftig würzen und die gehackten Kräuter untermischen. Das Olivenöl in einer Pfanne erhitzen und portionsweise den Teig in das Fett geben. Vorsichtig die Zucchinipuffer von jeder Seite etwa 2 Minuten goldgelb ausbacken und warm halten.
Für den Zitronenjoghurt den Joghurt mit dem Zitronensaft, der verlesenen, gewaschenen und feingehackten Zitronenmelisse und dem Honig glattrühren. Den Joghurt mit Kreuzkümmel, Cayennepfeffer, Salz und Pfeffer kräftig würzen. Die Zucchinipuffer mit Zitronenjoghurt und Kräuterzweigen garniert servieren.

Sahanda Kaşar

Gebratener Käse

4-6 EL Olivenöl
1 Ei
4 Scheiben Schafs- oder Ziegenkäse, (Kaşar peyniri) dünner als 1 cm
50 g Weizenmehl
etwas Paprikapulver
Saft von 1 Zitrone

Das Öl in einer Pfanne erhitzen. Das Ei verschlagen. Die Käsescheiben in dem Ei, dann in dem Mehl wenden und von beiden Seiten anbraten. Nach etwa einer halben Minute wenden und mit Paprikapulver bestreuen. Sofort heiß servieren. Je nach Geschmack mit Zitronensaft beträufeln.

Wer sich der türkischen Küche noch mit Skepsis nähert, der sollte zunächst mal einen Blick in die Suppentöpfe werfen und dann in aller Ruhe probieren, was ihm da so verführerisch entgegen duftet. Eventuelle Vorurteile lösen sich dann ganz von selbst in feinem Aroma auf. Nicht umsonst sind Suppen und Eintöpfe überall im Land so beliebt, gibt es unzählige, traditionelle Rezepte zwischen Istanbul und Ankara. Die notwendigen Zutaten – Nudeln, Linsen, Kartoffeln, Gemüse, Fleisch oder Geflügel – sind uns nur allzu gut bekannt. Doch was die türkische Küche, Schmelztiegel unterschiedlicher Kulturen und deren Kochkünste, daraus gemacht hat und weiterhin macht, ist stets eine kulinarische Überraschung – meist der milden, selten der scharfen Art. Probieren Sie mal...

Sebzeli Kuru Fasulye

Bohnensuppe mit Gemüse
(Foto Seite 28/29)

400 g Weiße Bohnen
Salzwasser
2-3 EL Olivenöl
1 Knoblauchzehe
1 Zwiebel
2 Möhren
1 Stück Staudensellerie
2 EL Tomatenmark
750 ml (3/4 l) Gemüsebrühe
1 Zweig Thymian
1 EL Paprikapulver
1 EL abgeriebene Zitronenschale (unbehandelt)
Salz
frisch gemahlener Pfeffer
1 Prise Cayennepfeffer
1 Prise Zucker
4 Scheiben Weißbrot
2 hartgekochte Eier
1/2 Bund Petersilie

Weiße Bohnen in eine Schüssel geben, mit Salzwasser übergießen, über Nacht einweichen. Am nächsten Tag das Olivenöl in einem Topf erhitzen, die abgezogene, feingehackte Knoblauchzehe darin andünsten. Die Zwiebel abziehen. Möhren putzen, schälen, waschen. Staudensellerie putzen und waschen. Die Zutaten in feine Würfel schneiden, in das Knoblauchfett geben und mitdünsten. Das Tomatenmark unterrühren, mit der Gemüsebrühe auffüllen. Thymian abspülen, trockentupfen, in die Suppe geben, mit Paprikapulver, Zitronenschale, Salz, Pfeffer, Cayennepfeffer und Zucker würzen. Die Weißen Bohnen gut abtropfen lassen, in die Suppe geben, bei mäßiger Hitze 30-40 Minuten garen. Nach Ende der Garzeit die Bohnensuppe nochmals kräftig abschmecken. Das Weißbrot entrinden, unter die Suppe geben, quellen lassen. Eier pellen, fein hacken, mit der gewaschenen, feingehackten Petersilie mischen. Die Bohnensuppe auf Tellern anrichten, mit den gekräuterten Eiern bestreuen.

Etli Kuru Fasulye

Weiße Bohnen mit Hammelfleisch

400 g Weiße Bohnen
Salzwasser
500 g Hammelfleisch
1 Zwiebel
2 Möhren
1 Stück Porree (Lauch)
1 Lorbeerblatt
1 Zweig Bohnenkraut
Salz
frisch gemahlener Pfeffer
1 EL Paprikapulver
2-3 EL Tomatenmark
1 Peperoni
250 g Kartoffeln
1 Bund Schnittlauch

Die Weißen Bohnen abspülen und abtropfen lassen. Die Bohnen in eine Schüssel geben, mit Salzwasser übergießen und über Nacht einweichen lassen. Das Hammelfleisch unter fließendem kaltem Wasser abspülen, trockentupfen und in Würfel schneiden. Salzwasser in einem Topf erhitzen und das Fleisch darin bei mäßiger Hitze 25-30 Minuten garen. Zwiebel abziehen, Möhren putzen, schälen, waschen. Porree putzen und waschen. Die Zutaten in Würfel schneiden, mit dem Lorbeerblatt und dem Bohnenkraut zum Fleisch geben. Den Sud mit Salz, Pfeffer, Paprikapulver kräftig würzen. Das Tomatenmark unterrühren und die geputzte, feingehackte Peperoni in den Sud geben. Die Kartoffeln waschen, schälen, in Würfel schneiden, mit den gut abgetropften Bohnen zum Fleisch geben. Den Eintopf bei mäßiger Hitze 40-50 Minuten garen. Nach Ende der Garzeit den Eintopf nochmals kräftig abschmecken. Schnittlauch abspülen, trockentupfen und in Röllchen schneiden. Den Eintopf in Teller füllen, mit den Schnittlauchröllchen bestreut servieren.
Tip: Anstatt Hammelfleisch können Sie auch Rindfleisch verwenden.

Düğün Çorbası

Hochzeitssuppe

300 g Lammfleisch
30 g Butter
30 g Weizenmehl
1 l Fleischbrühe
1 Möhre
1 Zwiebel
Salz, Pfeffer
Paprikapulver
3 Eigelb
3 EL Zitronensaft
etwas Zimt

Lammfleisch unter fließendem kaltem Wasser abspülen, trockentupfen und in 1 cm große Stücke schneiden. Butter in einer Pfanne erhitzen, das Lammfleisch von allen Seiten anbraten. Das Mehl darüberstreuen und etwa 5 Minuten bei schwacher Hitze weiterbräunen. Fleischbrühe in einem Topf zum Kochen bringen. In der Zwischenzeit die Möhre putzen, schälen, waschen.
Die Zwiebel abziehen und ganz dazugeben. Mit Salz, Pfeffer, Paprika abschmecken, etwa 45 Minuten bei schwacher Hitze köcheln lassen. Zwiebel und Möhre herausnehmen. Das Eigelb in einer Schüssel aufschlagen. Erst Zitronensaft, dann eine kleine Tasse Suppe unterrühren. Die Eigelbmasse unter ständigem Rühren langsam in die warme Suppe geben und so lange rühren, bis die Suppe leicht angedickt ist. Nicht mehr aufkochen lassen. Mit Salz, Pfeffer, Paprika abschmecken, mit Zimt bestreuen.

Kırmızı Mercimekli Tavuk Çorbası

Geflügelsuppe mit roten Linsen
(Foto)

2 Hähnchenbrustfilets
6 EL Olivenöl
1 Knoblauchzehe
1 Zwiebel
1 rote Paprikaschote
1 Peperoni
250 g rote Linsen
2-3 EL Weizenmehl
750 ml (3/4 l) Gemüse- oder Geflügelbrühe
Saft von 1 Zitrone
1 TL Paprikapulver
Salz, Pfeffer
1 Zweig Thymian
1 Lorbeerblatt
4 Scheiben Weißbrot
Olivenöl zum Rösten
100 g geriebener Käse

Die Hähnchenbrustfilets unter fließendem kaltem Wasser abspülen, trockentupfen und in kleine Würfel schneiden. Das Olivenöl in einem Topf erhitzen und das Hähnchenfleisch darin anbraten. Knoblauchzehe und Zwiebel abziehen, fein hacken, zum Fleisch geben und kurz mitbraten. Die Paprikaschote halbieren, entkernen, die weißen Scheidewände entfernen, die Paprikaschote unter fließendem kaltem Wasser abspülen, trockentupfen. Paprika in Würfel schneiden und mit der geputzten, feingehackten Peperoni zum Fleisch geben, kurz mitdünsten. Die Linsen abspülen, gut abtropfen lassen, zum Fleisch geben. Das Weizenmehl darüberstreuen und mit der Gemüse- oder Geflügelbrühe auffüllen. Die Suppe zum Kochen bringen, mit Zitronensaft, Paprikapulver, Salz und Pfeffer würzen. Den Thymianzweig und das Lorbeerblatt in die Suppe geben und bei mäßiger Hitze die Linsen 40-50 Minuten ausquellen lassen. Das Weißbrot in kleine Würfel schneiden und im Olivenöl goldgelb rösten. Nach Ende der Garzeit die Suppe nochmals kräftig abschmecken, mit dem Käse und den Weißbrotwürfeln bestreuen und sofort servieren.

Un Çorbası

Mehlsuppe

75 g Butter
75 g Weizenmehl
750 ml (3/4 l) Fleischbrühe
Salz
Paprikapulver
getrocknete Minze

Butter in einem Topf zerlassen, das Mehl hinzugeben, so lange erhitzen, bis die Masse gelblich ist. Unter ständigem Rühren die Fleischbrühe hinzugeben. Die Suppe 10 Minuten kochen lassen. Wenn die Suppe leicht dicklich ist, vom Ofen nehmen, abschmecken, in vorgewärmte Suppenteller geben, mit Paprikapulver und Minze bestreuen.

Sarmısak Çorbası

Knoblauchsuppe

30 g Butter
1 TL Salz
4 Knoblauchzehen
2 Zwiebeln
30 g Weizenmehl
500 ml (1/2 l) Gemüse- oder Fleischbrühe
Saft von 1 Zitrone
Salz
frisch gemahlener Pfeffer
1 Prise Cayennepfeffer
2 EL Honig
125 g Joghurt
4 Eigelb
2-3 EL Mandelblättchen
1 EL Olivenöl
2-3 EL gehackte Petersilie

Die Butter in einem Topf erhitzen und die abgezogenen, mit Salz zerriebenen Knoblauchzehen darin andünsten. Die Zwiebeln abziehen, fein hacken, ins Knoblauchfett geben und andünsten. Die Zwiebeln mit Weizenmehl bestäuben, mit der Gemüse- oder Fleischbrühe auffüllen und alles gut verrühren. Die Suppe bei mäßiger Hitze 10-15 Minuten köcheln lassen.
Anschließend die Knoblauchsuppe mit Zitronensaft, Salz, Pfeffer und Cayennepfeffer kräftig würzen und mit Honig süßen.
Den Joghurt mit dem Eigelb verrühren.
Die Knoblauchsuppe von der Kochstelle nehmen und mit dem Eierjoghurt legieren.
Die Mandelblättchen in etwas Olivenöl goldgelb rösten und mit der gewaschenen, gehackten Petersilie vermischen. Die Knoblauchsuppe nochmals abschmecken, anrichten und mit den gekräuterten Mandeln bestreut servieren.
Tip: Dazu Fladenbrot reichen.

Balık Çorbası

Fischsuppe

4 EL Olivenöl
1 Zwiebel
2 Möhren
1 Stück Staudensellerie
2 Knoblauchzehen
1 TL Salz
1 Peperoni
2 EL Tomatenmark
3 EL Weizenmehl
4 Tomaten
750 ml (3/4 l) Fisch- oder Gemüsebrühe
1 Lorbeerblatt
3 EL Essig
100 g Muschelfleisch
100 g Krevettenfleisch
400 g Seefischfilet
Saft von 1 Zitrone
1 TL Oregano
1 Bund Petersilie

Das Olivenöl in einem Topf erhitzen. Die Zwiebel abziehen, fein würfeln, ins Fett geben und andünsten. Die Möhren und den

Staudensellerie putzen, in Würfel oder Streifen schneiden, zu den Zwiebeln geben und kurz mitdünsten. Die Knoblauchzehen abziehen, fein hacken, das Salz dazugeben und zu einer Paste zerreiben. Die geputzte Peperoni fein hacken, mit der Knoblauchpaste und dem Tomatenmark unter das Gemüse rühren. Mit Mehl bestäuben und kurz andünsten. Die Tomaten enthäuten, entkernen, in Würfel schneiden, mit der Fisch- oder Gemüsebrühe in den Topf geben und zum Kochen bringen. Das Lorbeerblatt und den Essig dazugeben, bei mäßiger Hitze zugedeckt 10-15 Minuten köcheln lassen. In der Zwischenzeit das Muschelfleisch und das Krevettenfleisch in eine Schüssel geben. Das Seefischfilet unter fließendem kaltem Wasser abspülen, gut trockentupfen und in Stücke schneiden. Das Fischfleisch zu den Muscheln und Krevetten geben und miteinander vermischen. Mit Zitronensaft beträufeln und mit Oregano bestreuen. Die Meeresfrüchte in die Fischsuppe geben und bei mäßiger Hitze 8 -10 Minuten garziehen lassen. Nach Ende der Garzeit die Fischsuppe nochmals kräftig abschmecken und mit der verlesenen, gewaschenen und feingehackten Petersilie bestreut servieren.

Tavuk Çorbası

Hühnersuppe mit Minze

1 Bund Suppengemüse
2 mittelgroße Zwiebeln
1 küchenfertiges Suppenhuhn (1000 g)
Salz
1,5 l Wasser
1 Lorbeerblatt
3 - 4 schwarze Pfefferkörner
25 g Butter
75 g Rundkornreis
1 Bund Dill
1 Bund frische Minze
1/2 Bund frischer Kerbel
1 Becher Sahnejoghurt (150 g)
1 Eigelb

Das Suppengemüse putzen, waschen und grob würfeln. Die Zwiebeln abziehen, fein würfeln. Das Suppenhuhn unter fließendem kaltem Wasser gut abspülen, trockentupfen. Wasser, Salz, Lorbeerblatt, Pfefferkörner, Suppengrün und die Hälfte der Zwiebelwürfel hinzugeben. Das Huhn so lange bei mittlerer Hitze sieden lassen, bis das Hühnerfleisch sich von den Knochen lösen läßt. Das Huhn herausnehmen und für das Rezept „Hühnerfleisch mit Walnußsauce" (Seite 54) verwenden. Die Brühe durchsieben. Butter zerlassen und die restlichen Zwiebelwürfel glasig dünsten. Reis abspülen, dazugeben und unterrühren. Etwa 1 l Hühnerbrühe zugießen und bei milder Hitze etwa 15 Minuten sieden lassen.

(Fortsetzung Seite 36)

Kräuter verlesen, abspülen, trockentupfen, fein hacken. Einige Minzeblätter zur Dekoration zurücklegen. Joghurt mit dem Eigelb gut mischen. Den Rest der zurückgelassenen Hühnerbrühe mit dem Schneebesen unter die Eigelb-Joghurt-Mischung quirlen und zur Suppe gießen. Bei milder Hitze unter Rühren noch einmal erhitzen, aber nicht mehr kochen lassen, nochmals abschmecken. Die gehackten Kräuter unterrühren. Die Suppe mit den Minzeblättern dekorieren.

Yayla Çorbası

Reissuppe mit Pfefferminze
(Foto)

2 EL Olivenöl
1 Zwiebel
1 Stange Porree (Lauch)
100 g Rundkornreis
500 ml (1/2 l) Kalbsbrühe
1 Lorbeerblatt
1 Zweig Rosmarin
Salz
frisch gemahlener Pfeffer
1 Prise Muskatnuß
100 ml Milch
1 EL Weizenmehl
2-3 Eigelb
150 g Joghurt
1 Bund frische Pfefferminze

Das Olivenöl in einem Topf erhitzen. Die abgezogene und feingehackte Zwiebel ins Fett geben und andünsten. Den Porree putzen, abspülen, gut abtropfen lassen, in feine Streifen schneiden, zur Zwiebel geben und kurz mitdünsten. Den Reis abspülen, gut abtropfen lassen, zum Gemüse geben. Mit der Kalbsbrühe auffüllen. Das Lorbeerblatt und den Rosmarin dazugeben. Mit Salz, Pfeffer und Muskatnuß kräftig würzen. Die Suppe bei mäßiger Hitze 20-25 Minuten köcheln lassen. Die Milch und das Mehl miteinander anrühren, in die Suppe geben und einmal aufkochen lassen. Das Eigelb und den Joghurt miteinander verrühren. Die Suppe von der Kochstelle nehmen und mit dem Eierjoghurt legieren. Die Reissuppe nochmals kräftig abschmecken. Vor dem Servieren die verlesene, gewaschene und feingehackte Pfefferminze unter die Suppe heben.

Domates Soğan Çorbası

Tomaten-Zwiebel-Suppe

5 EL Olivenöl
1 TL Salz
1 Knoblauchzehe
4 Zwiebeln
2 EL Tomatenmark
4-6 Tomaten
750 ml (3/4 l) Gemüse- oder Geflügelbrühe
einige Tropfen Zitronensaft
1 Prise Zucker
1 Knoblauchzehe
4 EL Olivenöl
4 Scheiben Weißbrot
1/2 Bund Petersilie

Das Olivenöl in einem Topf erhitzen und die abgezogene, mit Salz zerriebene Knoblauchzehe darin andünsten. Die Zwiebeln abziehen, in feine Streifen schneiden, ins Knoblauchfett geben und andünsten, das Tomatenmark unterrühren. Die enthäuteten, entkernten und in Würfel geschnittenen Tomaten zu den Zwiebeln geben und kurz mitdünsten. Die Brühe hinzugießen. Die Suppe mit Zitronensaft und Zucker kräftig würzen. Den Topf verschließen und bei mäßiger Hitze 10-15 Minuten köcheln lassen. Knoblauchzehe abziehen, fein hacken, in das heiße Olivenöl geben und andünsten. Das Weißbrot in Würfel schneiden und im Knoblauchfett goldgelb braten. Herausnehmen und mit der verlesenen, gewaschenen und feingehackten Petersilie vermischen. Vor dem Servieren die Tomaten-Zwiebel-Suppe nochmals kräftig abschmecken, anrichten, mit den gekräuterten Brotwürfeln bestreut servieren.

Telşehriyeli Acılı Sebze Çorbası

Scharfe Gemüsesuppe mit Fadennudeln

2-3 EL Olivenöl
1 Zwiebel
1 Stange Porree (Lauch)
1 Stück Staudensellerie
2 Möhren
200 g Weißkohl
1 Peperoni
1 l Gemüse- oder Lammbrühe
1 Zweig Thymian
1 Lorbeerblatt
Salz
frisch gemahlener Pfeffer
1 Prise Cayennepfeffer
1 Prise Muskatnuß
1 Prise Zucker
50 g Fadennudeln
1 Bund Petersilie
1 Becher (150 g) Crème fraîche
3 Eigelb

Das Olivenöl in einem Topf erhitzen. Die abgezogene, feingehackte Zwiebel in das Fett geben und andünsten. Porree, Staudensellerie, Möhren und Weißkohl putzen, abspülen, gut abtropfen lassen, in feine Streifen schneiden, zu den Zwiebeln geben und kurz mitdünsten. Die geputzte Peperoni fein hacken und unter das Gemüse mischen. Mit der Gemüse- oder Lammbrühe auffüllen, Thymian, Lorbeerblatt hinzugeben und zum Kochen bringen. Die Gemüsesuppe mit Salz, Pfeffer, Cayennepfeffer und Muskatnuß sowie Zucker kräftig würzen und bei mäßiger Hitze 15 - 20 Minuten köcheln lassen. Anschließend die Fadennudeln unter die Suppe ziehen und bei mäßiger Hitze ausquellen lassen. Nach Ende der Garzeit die verlesene, gewaschene und feingehackte Petersilie unterrühren und die Suppe nochmals kräftig abschmecken. Crème fraîche mit dem Eigelb verrühren, den Topf von der Kochstelle nehmen und mit der Eigelbcreme legieren. Nochmals abschmecken und servieren.

Yoğurtlu Patates Çorbası

Kartoffelsuppe mit Joghurt

2 EL Olivenöl
1 Zwiebel
500 g Kartoffeln
1 TL Thymian
Salz, Pfeffer
500 ml (1/2 l) Gemüse- oder Geflügelbrühe
1 Lorbeerblatt
1 Prise geriebene Muskatnuß
150 g Joghurt
3 Eigelb
1 Bund Petersilie

Das Olivenöl in einem Topf erhitzen, die abgezogene und feingehackte Zwiebel darin andünsten. Die Kartoffeln schälen, waschen, in Würfel schneiden, zur Zwiebel geben und kurz mitdünsten. Die Kartoffeln mit Thymian, Salz und Pfeffer würzen und mit der Gemüse- oder Geflügelbrühe auffüllen. Das Lorbeerblatt dazugeben. Mit Muskatnuß würzen und bei mäßiger Hitze 15 - 20 Minuten köcheln lassen. Nach Ende der Garzeit das Lorbeerblatt herausnehmen und die Suppe im Mixer oder mit dem Pürierstab pürieren. Das Gemüsepüree in einen Topf geben und erhitzen. Den Joghurt und das Eigelb miteinander verrühren. Die Suppe von der Kochstelle nehmen und mit dem Eigelbjoghurt legieren. Die Kartoffelsuppe nochmals kräftig abschmecken. Die verlesene, gewaschene und feingehackte Petersilie unterziehen und servieren.

VERCHERIN

Lamm und Hammel sind zwar die überwiegenden, nicht aber die einzigen Fleischlieferanten für die türkische Küche. Auch zartes Rinderfilet, feines Kalb- und saftiges Hühnerfleisch gehören dazu, verwandeln sich im Handumdrehen in das wohl türkischste aller Gerichte: den Kebab.
Damit sind zunächst einmal alle in Stückchen geschnittenen, mundgerechten Fleischhappen gemeint. Sie werden meist mit reichlich Gemüse gekocht oder gebraten.
Ursprünglich ist der Kebab wohl eine Erfindung der zentralasiatischen Nomadenvölker, die ihre Fleischration allerdings im Gegensatz zu heute seltener mit Gemüse, dafür aber häufiger am Spieß, dem „şiş“, als Şis Kebabı brieten.

Peynirli Kuzu Budu

Lammkeule mit Schafskäse

(Foto Seite 40/41)

- *1,5 kg Lammkeule*
- *2 Knoblauchzehen*
- *2 TL Basilikum*
- *2 TL Rosmarin*
- *Salz*
- *frisch gemahlener Pfeffer*
- *1 Glas Schafskäsewürfel in Öl (Abtropfgewicht 150 g)*
- *125 ml (1/8 l) Wasser*
- *Oregano*
- *2 Fleischtomaten*
- *4 Rosmarinzweige*
- *20 Basilikumblätter*
- *100 ml Schlagsahne*

Lammkeule unter fließendem kaltem Wasser abspülen, trockentupfen, enthäuten. In die Keule eine kleine Öffnung schneiden. Knoblauch abziehen, fein hacken. Basilikum, Rosmarin und Knoblauch vermischen und in die Öffnung füllen. Die Keule mit Salz und Pfeffer einreiben. Den Backofen auf 170 - 200 °C (Heißluft 150 - 170 °C) vorheizen. Lammkeule mit 4 Eßlöffeln heißem Öl aus dem Glas anbraten und den Bräter in den Backofen auf die mittlere Schiene schieben. Wasser hinzugießen und etwa 1 1/2 Stunden braten lassen. Gelegentlich mit dem Bratensaft übergießen. Die Fleischtomaten waschen, halbieren, leicht salzen, pfeffern. Den Rosmarinzweig abspülen und auf die Tomaten legen. Bratenfond mit der Sahne auffüllen und die Flüssigkeit um 1/3 einkochen lassen, abschmecken. Zum Schluß die Rosmarintomaten und die Schafskäsewürfel mit in den Bräter geben und etwa 15 Minuten überbacken.

Yoğurtlu Kuzu Kebabı

Lammfleisch mit Joghurt und Tomaten

- *2 Zwiebeln*
- *6 EL Olivenöl*
- *Salz*
- *frischer Thymian*
- *frisch gemahlener Pfeffer*
- *600 g Lammfleisch aus der Keule*
- *500 g Tomaten*
- *3 Knoblauchzehen*
- *1 Becher Sahnejoghurt (150 g)*
- *100 g Butter*
- *1 Fladenbrot*
- *Chilipulver oder Cayennepfeffer*
- *frische Minze oder glatte Petersilie*

Zwiebeln abziehen, fein reiben. Mit 3 Eßlöffeln Öl, Salz, gehacktem Thymian und Pfeffer mischen. Das Lammfleisch in dünne Scheiben schneiden, in eine Schüssel schichten, dabei jede Lage mit der Zwiebel-Öl-Mischung dünn bestreichen.
Mindestens vier Stunden, besser über Nacht durchziehen lassen. Tomaten entstielen, enthäuten und vierteln, entkernen und das Fruchtfleisch würfeln. Knoblauch abziehen,

durchpressen und mit Salz, restlichem Öl und Tomatenwürfeln bei schwacher Hitze einkochen lassen, bis eine dickliche Masse entsteht. Warm stellen. Den Joghurt in einer Schüssel glattrühren. Mariniertes Lammfleisch in kleinen Portionen in einer sehr heißen Pfanne ohne Fett braun werden lassen, ab und zu wenden, anschließend warm stellen. Butter anbräunen.
Das Fladenbrot anwärmen, danach vierteln. Jeweils ein Viertel des Brotes auf einen Teller legen, etwas braune Butter und Tomatensauce darübergeben. Darauf 3-4 Scheiben Lammfleisch, 2 Eßlöffel Joghurt und wieder etwas braune Butter geben. Mit einer Prise Chilipulver und einigen Minze- oder Petersilienblättern bestreuen.

Etli Acılı Pilav

Scharfes Reisfleisch

500 g Hammel- oder Lammfleisch
Salz
frisch gemahlener Pfeffer
125 ml (1/8 l) Olivenöl
2 Knoblauchzehen
1 TL Salz
1 Peperoni
2 Zwiebeln
1 Möhre
1 Stück Porree (Lauch)
500 ml (1/2 l) Gemüse- oder Lammbrühe
1 Lorbeerblatt
1 Zweig Thymian
1 Zweig Rosmarin
250 g Rundkornreis
1 Prise Cayennepfeffer
2 EL Tomatenmark
1 EL Paprikapulver
1 Bund Petersilie

Das Hammel- oder Lammfleisch unter fließendem kaltem Wasser abspülen, trockentupfen. Das Fleisch in kleine Würfel schneiden, mit Salz und Pfeffer kräftig würzen. Das Olivenöl in einem Topf erhitzen und die abgezogenen, mit Salz zerriebenen Knoblauchzehen darin andünsten. Das Fleisch ins Knoblauchöl geben und kräftig anbraten. Die geputzte Peperoni fein hacken und zum Fleisch geben. Die Zwiebeln abziehen, die Möhre und den Porree putzen, waschen, die Zutaten in feine Würfel schneiden, zum Fleisch geben und kurz mitbraten. Die Gemüse- oder Lammbrühe angießen, das Lorbeerblatt, den Thymian und den Rosmarin dazugeben und bei mäßiger Hitze 20-25 Minuten garen. Den Reis abspülen und gut abtropfen lassen. Anschließend den Reis zum Fleisch geben, mit Salz, Pfeffer, Cayennepfeffer kräftig würzen. Das Tomatenmark und das Paprikapulver unterrühren. Den Reis bei mäßiger Hitze 20-25 Minuten ausquellen lassen. Nach Ende der Garzeit das Reisfleisch nochmals kräftig abschmecken, anrichten und mit verlesener, gewaschener und feingehackter Petersilie bestreut servieren.

Tavuklu Pilav

Reis mit Hähnchen

2 Hähnchen à 800 g
1 Bund Suppengrün
125 g Butter
2 abgezogene Zwiebeln
Salz, Pfeffer
Cayennepfeffer
1 Stück frischer Ingwer (etwa 10 g)
1 Dose (480 g) Aprikosenhälften
125 g Rundkornreis

Die Hähnchen unter fließendem kaltem Wasser abspülen, enthäuten. Die Brustfilets lösen, die Keulen abtrennen, das Fleisch von den Knochen lösen, in Stücke teilen. Die Knochen in 1 l Wasser mit dem geputzten, gewaschenen, zerkleinerten Suppengrün im offenen Topf schwach kochen lassen. Die Hälfte der Butter schmelzen. Die Zwiebeln abziehen, halbieren, in Scheiben schneiden. Das Fleisch anbraten, die Zwiebeln kleinschneiden, glasig dünsten, mit Salz, Pfeffer und Cayennepfeffer würzen. Ingwer schälen, in feine Stifte schneiden und zu dem Fleisch geben. Aprikosenhälften abtropfen lassen, nochmals halbieren, zu dem Fleisch geben. Mit 125 ml (1/8 l) der fertigen Hühnerbrühe aufgießen, im geschlossenen Topf etwa 10 Minuten garen. Den Reis in der restlichen Butter andünsten, 250 ml (1/4 l) Hühnerbrühe dazugeben, salzen und 20 Minuten quellen lassen. Die restliche Flüssigkeit abgießen und den Reis mit dem Fleisch vermengen.

Tavuk Dolması

Gefülltes Hähnchen
(Foto)

1 Hähnchen mit Innereien (Magen, Herz, Leber)
4 Zwiebeln, 60 g Butter
2 EL Pistazien
125 g Langkornreis
375 ml (3/8 l) Wasser
2 EL eingeweichte Korinthen
1 EL Salz, Pfeffer
1 Becher (250 g) Sahnejoghurt
etwas Brühe oder Wasser zum Übergießen

Hähnchen und Innereien unter fließendem kaltem Wasser abspülen, trockentupfen. Die Innereien kleinschneiden. Die Zwiebeln abziehen, fein hacken und in Butter glasig dünsten. Innereien und Pistazien dazugeben und andünsten. Reis, Korinthen, Salz und Pfeffer dazugeben, mit Wasser auffüllen und 15 - 20 Minuten garen. Das Hähnchen mit der Reismischung füllen und zunähen. Joghurt mit etwas Salz und Pfeffer abschmecken und verrühren. Das Hähnchen mit der Brustseite nach oben in der Fettpfanne in den auf 220 °C (Heißluft etwa 200 °C) vorgeheizten Backofen schieben. Nach 30 Minuten den Ofen auf etwa 170 °C (150 °C) herunterschalten, das Hähnchen mit Joghurt bestreichen und etwa 30 Minuten weiterbraten. Zwischendurch das Hähnchen mit etwas Wasser oder Brühe übergießen. Das Hähnchen auf eine Platte legen, 5 Minuten ruhen lassen und tranchieren.

Fırında Domatesli Kebab

Tomaten-Kebab aus dem Ofen

800 g Rindfleisch
Salz, Pfeffer
125 ml (1/8 l) Olivenöl
2 Knoblauchzehen
1 TL Salz
1 Peperoni
1 EL Majoran
1 EL abgeriebene Zitronenschale (unbehandelt)
1 TL gemahlener Kreuzkümmel
2 Zwiebeln
6-8 Tomaten
250 ml (1/4 l) Rotwein oder Fleischbrühe
1 Zweig Basilikum

Das Rindfleisch unter fließendem kaltem Wasser abspülen, trockentupfen. Das Fleisch in Würfel schneiden, mit Salz und Pfeffer kräftig würzen. Das Olivenöl in eine Schüssel geben. Die abgezogenen Knoblauchzehen mit dem Salz zerreiben. Die geputzte, feingehackte Peperoni mit dem Majoran, der Zitronenschale und dem Kreuzkümmel in das Öl rühren. Das Gewürzöl zum Fleisch geben und das Ganze gut einmassieren. Das Fleisch im Kühlschrank mindestens über Nacht marinieren lassen. Olivenöl in einer Pfanne erhitzen und das Fleisch kräftig anbraten. Die Zwiebeln abziehen, in Würfel schneiden, zum Fleisch geben und kurz mitdünsten. Die Tomaten enthäuten, die Stielansätze entfernen, entkernen, in Würfel schneiden und zum Fleisch geben. Den Rotwein oder die Fleischbrühe angießen, den Basilikumzweig dazugeben, den Topf verschließen, im vorgeheizten Backofen bei etwa 180 °C (Heißluft etwa 160 °C) 80-90 Minuten schmoren lassen. Nach Ende der Garzeit das Tomaten-Kebab nochmals kräftig abschmecken. Je nach Geschmack mit Cayennepfeffer schärfen, anrichten und mit gehackter Petersilie bestreut servieren.

Pastırma Sarması

Gerollte Rinderschinkenscheiben
(Titelfoto)

150 g Schafskäse
75 ml Schlagsahne
Salz, Pfeffer
1 Zwiebel
4 Rinderschinkenscheiben (Pastırma) à 2 mm
1 Tomate
1 Bund glatte Petersilie

Den Schafskäse etwas zerdrücken, mit der Sahne verrühren, mit Salz und Pfeffer abschmecken. Zwiebel abziehen, fein würfeln, unter den Käse rühren. Die Rinderschinkenscheiben dünn damit bestreichen. Die Tomaten waschen, entstielen, in kleine Würfel schneiden, darauf verteilen, Petersilie abspülen, die Blättchen fein hacken, die Hälfte dazugeben. Das Fleisch aufrollen, mit Holzspießchen feststecken. Den Käse und den Rest der Petersilie dazu reichen.

Patlıcanlı Kebab

Röstfleisch mit Auberginen

400 - 500 g Auberginen
8 EL Olivenöl
500 - 600 g Lamm- oder Kalbfleisch
Salz
frisch gemahlener Pfeffer
2 mittelgroße Zwiebeln
2 Knoblauchzehen
250 ml (1/4 l) heiße Fleischbrühe
2 Fleischtomaten

Auberginen waschen, vierteln und in etwa 2 cm lange Stücke schneiden. In kaltem Salzwasser eine halbe Stunde ziehen lassen. Fleisch unter fließendem kaltem Wasser abspülen, trockentupfen, würfeln. 2 Eßlöffel Olivenöl in einer Pfanne erhitzen, das Fleisch von allen Seiten darin anbraten. Mit Salz und Pfeffer würzen. Das Fleisch dann in einen Topf geben. 6 Eßlöffel Olivenöl in der Pfanne erhitzen, die gut abgetropften Auberginen darin anbraten und zu dem Fleisch geben. Zwiebeln und Knoblauch abziehen, grob würfeln, andünsten und zu dem Fleisch geben. Mit Salz und Pfeffer würzen, die heiße Fleischbrühe dazugießen und etwa 45 Minuten garen. Die Tomaten enthäuten, die Stielansätze entfernen, die Tomaten vierteln und entkernen. Das Tomatenfleisch mit in den Topf geben und noch etwa 15 Minuten mitgaren. Nochmals mit Salz und Pfeffer abschmecken.
Tip: Dazu Fladenbrot reichen.

Kağıt Kebabı

Röstfleisch in Folie

500 - 600 g Lammfleisch
6 EL Olivenöl
Salz, Pfeffer
1 Gemüsezwiebel
300 g Kartoffeln
300 g Tomaten
1-2 Knoblauchzehen
1 Packung Tiefkühl-Erbsen oder
300 g frische Erbsen

Lammfleisch unter fließendem kaltem Wasser abspülen, trockentupfen, in etwa 2 cm breite Würfel schneiden. Die Hälfte des Öls in einer Pfanne erhitzen, Fleischwürfel hinzugeben, salzen, pfeffern und rundherum anbraten. Das Fleisch herausnehmen und warm stellen. Zwiebel abziehen und in Würfel schneiden. Die Kartoffeln schälen, waschen, würfeln. Das restliche Olivenöl in die Pfanne geben, die Zwiebel- und Kartoffelwürfel hinzugeben und leicht andünsten. In der Zwischenzeit die Tomaten waschen, in Scheiben schneiden, den Stielansatz entfernen, Tomatenscheiben in die Pfanne geben und andünsten. Knoblauch abziehen, fein würfeln. Fleisch- und Kartoffelwürfel, Zwiebel- und Tomatenscheiben, Erbsen und Knoblauchwürfel in einem großen Stück Alufolie in Schichten möglichst dicht einschlagen, mit Salz und Pfeffer würzen. Im Backofen bei 200 - 220 °C (Heißluft 180 - 200 °C) etwa 60 Minuten garen. Heiß servieren.

Kıymalı Peynirli Türlü

Hirtentopf

(Foto)

1 Glas Schafskäsewürfel in Öl (150 g Abtropfgewicht)
600 g Lammhack
500 g frische Champignons
1 rote Paprikaschote
1 grüne Paprikaschote
2-3 Knoblauchzehen
2 Becher (300 g) Crème fraîche
Salz
frisch gemahlener Pfeffer
1 TL Oregano
100 g Schafskäse am Stück

Schafskäsewürfel in ein Sieb gießen und das Öl auffangen. Lammhack in 3 Eßlöffeln Öl aus dem Glas anbraten. Dabei das Fleisch mit der Gabel zerdrücken. Champignons putzen, waschen und die Stiele abschneiden. Die Champignonstiele zu dem Lammhack geben und anbraten. Paprikaschoten halbieren, entstielen, entkernen, Scheidewände entfernen. Die Schoten waschen und in Streifen schneiden. Knoblauchzehen abziehen, zerdrücken. Paprika und Knoblauch zu dem Lammhack geben und 5 Minuten dünsten. Crème fraîche, Salz, Pfeffer, Oregano dazugeben. Alles in eine feuerfeste Form geben. Die Champignonköpfe in Scheiben schneiden, dachziegelartig auf dem Lammhack anordnen und zugedeckt etwa 30 Minuten bei etwa 220 °C (Heißluft etwa 200 °C) im Ofen backen. Den Schafskäse am Stück zerkrümeln, die Schafskäsewürfel darüber verteilen und nochmals 20 Minuten, jedoch nicht mehr zugedeckt bei 220 °C weiterbacken.

Tip: Dazu grünen Salat und Fladenbrot servieren.

Şiş Kebabı

Marinierter Filetspieß

600 g Rinderfilet
5 EL Olivenöl
3 Zwiebeln
1 Peperoni
2 Knoblauchzehen
1 TL Salz
1 EL Oregano
1 EL Paprikapulver
1 rote Paprikaschote
1 grüne Paprikaschote
Salz
frisch gemahlener Pfeffer
1 Bund Schnittlauch

Das Rinderfilet unter fließendem kaltem Wasser abspülen, trockentupfen. Das Fleisch in Würfel schneiden und in eine Schüssel geben. Das Olivenöl in eine kleine Schüssel geben. Eine abgezogene Zwiebel in das Öl reiben. Die geputzte Peperoni sehr fein hacken, die Knoblauchzehen abziehen, mit dem Salz zerreiben und beides mit dem Oregano und dem Paprikapulver unter das Öl rühren. Die Marinade über

(Fortsetzung Seite 50)

das Fleisch geben und kräftig einmassieren. Das Fleisch im Kühlschrank mindestens 2-3 Stunden marinieren lassen. In der Zwischenzeit die restlichen Zwiebeln abziehen und grob würfeln. Die Paprikaschoten halbieren, entkernen, die weißen Scheidewände entfernen, waschen, abtropfen lassen und grob würfeln. Anschließend Fleisch und Gemüse getrennt auf Spieße stecken. Die Spieße mit Salz und Pfeffer kräftig würzen und grillen. Die gegrillten Fleisch- und Gemüsespieße anrichten und mit gewaschenem, frisch geschnittenem Schnittlauch bestreut servieren.

Tencerede Kuzu Kebabı

Lammfleisch im Schmortopf

4 mittelgroße Lammscheiben aus der Keule à 300 g
2 Knoblauchzehen
1 TL Salz
frisch gemahlener Pfeffer
Salz
75 g Weizenmehl
75 ml Olivenöl
1 Zwiebel
2 Möhren
1 Stück Porree (Lauch)
Gemüse- oder Fleischbrühe
1 große Dose geschälte Tomaten (420 g)
1 TL Oregano
2 hartgekochte Eier
1/2 Bund Petersilie

Die Lammscheiben unter fließendem kaltem Wasser abspülen und gut trockentupfen. Die Knoblauchzehen abziehen, fein hacken, das Salz dazugeben und zu einer Paste zerreiben. Die Lammscheiben damit einreiben, mit Salz und Pfeffer kräftig würzen und anschließend in Mehl wenden. Das Olivenöl in einem Schmortopf erhitzen und die Lammscheiben darin rundherum Farbe nehmen lassen. Die Zwiebel abziehen, Möhren und Porree putzen, waschen. Alle Zutaten in feine Würfel schneiden, zum Fleisch geben und kurz mitdünsten.
Das Ganze mit etwas Gemüse- oder Fleischbrühe ablöschen. Die Tomaten mit einer Gabel zerdrücken, mit dem Oregano zu den Lammscheiben geben. Den Schmortopf verschließen. Im vorgeheizten Backofen bei etwa 180 °C (Heißluft etwa 160 °C) 80-90 Minuten schmoren lassen. Nach Ende der Garzeit die Sauce nochmals kräftig abschmecken. Die Lammscheiben anrichten und mit der Sauce überziehen. Die Eier pellen und fein hacken. Mit der verlesenen, gewaschenen und feingehackten Petersilie vermischen, über die Lammscheiben streuen und servieren.
Tip: Als Beilage Reis und gebratene Paprikawürfel in Tomatensauce servieren.

Sebzeli Tavuk Budu

Hähnchenkeulen im Gemüsenest

4 Hähnchenkeulen
Salz
frisch gemahlener Pfeffer
1 EL Paprikapulver
5 EL Olivenöl
1 Zwiebel
1 rote Paprikaschote
1 grüne Paprikaschote
1 Zucchini
200 g Grüne Bohnen
250 g Kartoffeln
1 große Dose geschälte Tomaten (420 g)
1 TL Thymian
5 EL Gemüse- oder Geflügelbrühe
200 g Joghurt
1 TL Salz
2 Knoblauchzehen
Saft von 1 Zitrone
1 Bund Zitronenmelisse

Die Hähnchenkeulen unter fließendem kaltem Wasser abspülen, gut abtropfen lassen und trockentupfen. Die Hähnchenkeulen mit Salz, Pfeffer, Paprikapulver kräftig würzen. Das Olivenöl in einem Schmortopf erhitzen und die Hähnchenkeulen darin rundherum kräftig anbraten, warm stellen. Die Zwiebel abziehen, in Würfel schneiden, ins restliche Bratfett geben und glasig dünsten. Die Paprikaschoten halbieren, entkernen, weiße Scheidewände entfernen, waschen, gut abtropfen lassen, Paprika in Würfel schneiden und zu den Zwiebeln geben. Die Zucchini putzen, waschen, in Würfel schneiden, mit den geputzten und kleingeschnittenen Bohnen sowie den geschälten, gewaschenen und in Würfel geschnittenen Kartoffeln zum restlichen Gemüse geben und kurz mitdünsten. Die Tomaten durch ein Sieb streichen und zu dem Gemüse geben. Den Thymian unterrühren und die Brühe angießen. Die Hähnchenkeulen auf das Gemüse legen, den Schmortopf verschließen und bei etwa 180 °C (Heißluft etwa 160 °C) im Backofen 30-40 Minuten schmoren lassen. Nach Ende der Garzeit die Hähnchenkeulen herausnehmen, das Gemüse nochmals kräftig abschmecken. Den Joghurt mit den mit Salz zerriebenen Knoblauchzehen und dem Zitronensaft glattrühren, mit Salz und Pfeffer kräftig würzen. Die Hähnchenkeulen in die Mitte einer großen Platte legen und das Gemüse rundherum gleichmäßig verteilen. Den Joghurt auf das Gemüse gießen. Die verlesene, gewaschene und kleingeschnittene Zitronenmelisse darüberstreuen und sofort servieren.

Tip: Dazu Fladenbrot oder Kartoffeln reichen.

Tavada Et

Fleischpfanne
(Foto)

1,25 kg Lammfleisch aus der Keule
125 ml (1/8 l) Olivenöl
1 Msp. Basilikum
1 Msp. Thymian
1 Msp. Koriander
1 Msp. Zimt
Salz, Pfeffer
2 Gemüsezwiebeln
1 Salatgurke
4 Knoblauchzehen
500 g Vollmilchjoghurt
2 EL Olivenöl, 1 EL Zitronensaft
zerstoßene getrocknete Chilischoten
eingelegte Peperoni
10 schwarze Oliven
Minzeblättchen
2 EL gehackte Petersilie

Lammfleisch unter fließendem kaltem Wasser abspülen, trockentupfen und in Streifen schneiden. Öl mit den Gewürzen, Salz und Pfeffer verrühren und über das Fleisch geben, etwa 3 Stunden, am besten über Nacht, im Kühlschrank durchziehen lassen. Zwiebeln abziehen, halbieren und in dünne Scheiben schneiden. Das Fleisch portionsweise in einer heißen Pfanne etwa 5 Minuten von allen Seiten gut anbraten. Zum Schluß die Zwiebeln goldgelb anbraten. Das gesamte Fleisch zurück in die Pfanne geben, erhitzen und mit Chili und dem Pfeffer würzen. Für den Joghurt-Dip die Gurke waschen, putzen, längs halbieren, entkernen und grob raspeln. Knoblauch abziehen und zerdrücken. Joghurt, Olivenöl, Knoblauch, Zitronensaft und Gurkenraspel verrühren. Würzig mit Salz und Pfeffer abschmecken. Joghurt-Dip mit dem übrigen Olivenöl beträufeln und mit Peperoni, Oliven und Minze garnieren. Die Fleischpfanne mit Petersilie bestreuen.

Kadınbudu Köfte

Frauenoberschenkel

4 mittelgroße Zwiebeln
600 g Rinderhackfleisch
100 g gekochter Reis
80 g geriebener Käse (kaşar peyniri)
1 Bund glatte Petersilie
1 Bund Dill
1 EL Thymian
Salz, Pfeffer
2 Eier
50 g Weizenmehl
4-6 EL Olivenöl

Zwiebeln abziehen, auf einer Glasreibe zerreiben und über das Hackfleisch geben. Reis, Käse, feingehackte Petersilie, feingehackten Dill, Thymian, Salz und Pfeffer dazugeben, gut verkneten. Die Masse in eigroße Stücke teilen, so formen, daß sie einem Oberschenkel ähnlich sind. Eier schaumig rühren, die Hackfleischschenkel durch das verschlagene Ei ziehen, in Mehl wenden. Die Fleischmasse in das erhitzte Öl geben, braten lassen.

Tencerede Tavşan Kebabı

Hasenkeulen aus dem Topf

4 küchenfertige Hasenkeulen
Salz, Pfeffer
1 EL Paprikapulver
4 EL Olivenöl
1 Zwiebel
2 Möhren
1 Stück Porree (Lauch)
4-5 Tomaten
75 ml Gemüse- oder Wildbrühe
1 Lorbeerblatt
1 Zweig Thymian
1 Zweig Rosmarin
6 EL Tafelessig
2 EL Honig
1 Prise Cayennepfeffer
200 g Joghurt
3 Eigelb
½ Bund Pfefferminze

Die Hasenkeulen unter fließendem kaltem Wasser abspülen, trockentupfen und enthäuten. Die Hasenkeulen mit Salz, Pfeffer und Paprika kräftig würzen. Das Olivenöl in einem Schmortopf erhitzen und die Hasenkeulen darin rundherum Farbe nehmen lassen. Die Zwiebel abziehen, Möhren und Porree putzen. Alle Zutaten in feine Würfel schneiden, zu den Hasenkeulen geben und kurz mitdünsten. Die Tomaten enthäuten, entkernen, in feine Würfel schneiden und ebenfalls zum Fleisch geben. Mit Brühe ablöschen. Das Lorbeerblatt, den Thymian- und den Rosmarinzweig dazugeben. Den Schmortopf verschließen, in den auf etwa 180 °C (Heißluft etwa 160 °C) vorgeheizten Backofen schieben und 50-60 Minuten schmoren lassen. Je nach Bedarf etwas Rotwein oder Fleischbrühe angießen. Den Essig mit dem Honig verrühren und in die Sauce geben. Die Sauce mit Salz, Pfeffer und Cayennepfeffer kräftig würzen und die Hasenkeulen fertig schmoren. Nach Ende der Garzeit den Joghurt mit dem Eigelb verrühren. Die Hasenkeulen aus der Sauce nehmen und auf Tellern anrichten. Die Sauce mit dem Joghurt verrühren und nochmals kräftig abschmecken. Die verlesene, gewaschene und feingehackte Pfefferminze unterziehen. Die Sauce über die Hasenkeulen geben und servieren.

Çerkez Tavugu

Hühnerfleisch mit Walnußsauce

1 küchenfertiges Hähnchen (1000 g)
1 TL Salz

Für die Walnußsauce:

100 g Walnußkerne
2 Scheiben Toastbrot
5 EL Milch
1 Knoblauchzehe
1 EL Zitronensaft
etwas Salz
3 EL Walnußöl
1 EL Hühnerbrühe
1 TL Paprika bzw. Cayennepfeffer
½ Bund glatte Petersilie

Hähnchen unter fließendem kaltem Wasser abspülen, in einen großen Topf geben und soviel Wasser hinzufügen, daß das Hähnchen bedeckt ist. Salz hinzugeben, zum Kochen bringen und bei geringer Hitze etwa 2 Stunden garen lassen. Das Fleisch von den Knochen lösen und in Streifen schneiden.

Für die Sauce:
Walnußkerne mahlen, einige Hälften zum Dekorieren zurücklassen. Das Toastbrot entrinden und in Milch einweichen. Knoblauchzehe abziehen, durch die Knoblauchpresse drücken. Das Brot ausdrücken und mit Knoblauch, gemahlenen Walnüssen, Zitronensaft und Salz gut verrühren. 2 Eßlöffel Walnußöl nach und nach unterrühren. 1 Eßlöffel Walnußöl zurückbehalten.
Zum Schluß die Hühnerbrühe unterrühren. Das restliche Walnußöl mit Cayennepfeffer bzw. Paprika gut verrühren. Die Petersilie waschen, die Blättchen von den den Stengeln zupfen. Das Hühnerfleisch auf einer Platte anrichten und mit der Walnußsauce überziehen. Mit der Paprika-Öl-Mischung beträufeln, mit Walnüssen und Petersilie dekorieren.

Ekşili Tavşan Yahnisi

Kaninchen in Zitronensauce

1 küchenfertiges Kaninchen
Salz, Pfeffer
1 TL Wacholderbeeren
1 TL Pfefferkörner
1 EL abgeriebene Zitronenschale (unbehandelt)
75 g Weizenmehl
3 EL Olivenöl
1 TL Salz
2 Knoblauchzehen
1 Zwiebel
1 Möhre
1 Stück Staudensellerie
Saft von 1 Zitrone
250 ml (1/4 l) Gemüse- oder Geflügelbrühe
250 ml (1/4 l) Milch
3 EL Weizenmehl
2 Zitronen (unbehandelt)
1 Prise Zucker
1 Bund Petersilie

Das Kaninchen unter fließendem kaltem Wasser abspülen, trockentupfen, enthäuten und in 8 -12 Stücke zerteilen. Das Fleisch mit Salz und Pfeffer kräftig würzen. Die Wacholderbeeren und die Pfefferkörner im Mörser fein mahlen. Mit der geriebenen Zitronenschale vermischen und die Fleischteile damit kräftig einreiben. Anschließend die Kaninchenteile in Mehl wenden. Das Olivenöl in einer Pfanne erhitzen und die Kaninchenteile anbraten.

(Fortsetzung Seite 56)

Die abgezogenen, mit Salz zerriebenen Knoblauchzehen dazugeben und kurz mitdünsten. Die Zwiebel, die Möhre, den Staudensellerie putzen, waschen, in feine Würfel schneiden, zu den Fleischteilen geben und ebenfalls kurz mitdünsten. Den Zitronensaft und die Gemüse- oder Geflügelbrühe angießen, den Topf verschließen, im vorgeheizten Backofen bei etwa 180 °C (Heißluft etwa 160 °C) 50-60 Minuten schmoren lassen. Je nach Bedarf mit etwas Gemüse- oder Geflügelbrühe auffüllen. Die Milch und das Mehl miteinander verrühren, in die Sauce geben, gut unterrühren und weitere 15-20 Minuten köcheln lassen. Nach Ende der Garzeit die Zitronen schälen, in Scheiben schneiden und in die Sauce geben. Die Kaninchenteile anrichten, die Sauce mit Salz, Pfeffer und Zucker nochmals kräftig abschmecken und die verlesene, gewaschene und feingehackte Petersilie unterziehen. Die Sauce über die Kaninchenteile verteilen, je nach Geschmack mit Kräuterzweigen garnieren und servieren.

Nohutlu Tavuk Yahnisi

Hähnchen-Kichererbsen-Ragout
(Foto)

200 g Kichererbsen
1 l Salzwasser
1 Hähnchen (1-1,2 kg)
1 Bund Suppengrün
1 Bund Lauchzwiebeln
1 Dose Pfirsiche (800 g)
2 Fleischtomaten (400 g)
Salz, Pfeffer
1/2 TL gemahlener Kreuzkümmel
Zimt
1 Bund Minzeblätter

Kichererbsen über Nacht in kaltem Wasser einweichen. Das Wasser am nächsten Tag abgießen. Das Hähnchen unter fließendem kaltem Wasser abspülen und trockentupfen. Das Suppengrün putzen, waschen und grob zerkleinern. Salzwasser zum Kochen bringen und das Hähnchen sowie das Suppengrün hinzugeben und etwa 1 Stunde kochen lassen. Die Brühe durch ein Sieb geben und auffangen. Das Fleisch abkühlen lassen, von Knochen und Haut lösen und in Würfel schneiden.
500 ml (1/2 l) von der Hühnerbrühe mit den Kichererbsen etwa 45 Minuten leicht kochen lassen. Lauchzwiebeln putzen, waschen und in Ringe schneiden und 10 Minuten vor Beendigung der Garzeit die Frühlingszwiebelringe zu den Kichererbsen geben. Pfirsiche abtropfen lassen und in längliche Spalten schneiden. Tomaten enthäuten und in Würfel schneiden. Pfirsichspalten, Tomatenwürfel und Fleischwürfel zu den Kichererbsen geben, umrühren, nochmals zum Kochen bringen und mit Salz, Pfeffer, Kreuzkümmel und Zimt abschmecken. Die Minze waschen, die Blätter von den Stengeln zupfen. Die Hälfte der Minze fein hacken und unter das Ragout heben. Mit den restlichen Minzeblättchen garnieren.

Izgara Dana Köftesi

Gegrillte Kalbsfrikadellen

600 g Kalbfleisch aus der Schulter
2 Zwiebeln
120 g gekochter Reis
1 TL Thymian
2-3 EL geriebener Käse
2-3 EL gehackte Petersilie
Salz, Pfeffer
Cayennepfeffer
2 Eier
Semmelbrösel
5 EL Olivenöl
1 TL Salz

Das Kalbfleisch unter fließendem kaltem Wasser abspülen und gut trockentupfen, in Würfel schneiden. Die Zwiebeln abziehen und klein schneiden. Das Kalbfleisch mit den Zwiebeln durch die feine Scheibe des Fleischwolfs drehen und in eine Schüssel geben. Den gekochten Reis mit dem Thymian, dem Käse und der Petersilie zum Fleisch geben und alles gut miteinander vermischen. Das Hackfleisch mit Salz, Pfeffer und Cayennepfeffer kräftig abschmecken. Die Eier verschlagen, zum Fleisch geben und gut untermischen. Das Hackfleisch je nach Bedarf mit Semmelbröseln binden. Aus der Fleischmasse mit feuchten Händen kleine Röllchen formen und die Röllchen leicht plattdrücken. Das Olivenöl mit dem Salz verrühren und die Kalbsfrikadellen damit einstreichen. Die Kalbsfrikadellen von jeder Seite 5 Minuten auf dem Grill garen.

Koyun Etli Bamya

Hammelragout mit Okraschoten

1,5 kg Hammelkeule (ohne Knochen)
2 Gemüsezwiebeln
4 Fleischtomaten
1 Bund glatte Petersilie
125 ml (1/8 l) Olivenöl
750 ml (3/4 l) Fleischbrühe
250 g Okraschoten
2 Knoblauchzehen
Salz
frisch gemahlener Pfeffer

Die Hammelkeule unter fließendem kaltem Wasser abspülen, trockentupfen und in etwa 4 cm große Würfel schneiden. Gemüsezwiebeln abziehen, in Achtel schneiden und zerteilen. Die Tomaten waschen, Stielansätze entfernen, Tomaten in Achtel schneiden. Petersilie abspülen, trockentupfen, die Blättchen von den Stengeln zupfen, fein hacken. Das Öl erhitzen und das Fleisch darin von allen Seiten anbraten. Zwiebeln und Tomaten dazugeben und etwa 10 Minuten dünsten. Die gehackte Petersilie und die Fleischbrühe hinzufügen und etwa 45 Minuten schmoren. Okraschoten waschen und die Stiele entfernen. Knoblauchzehen abziehen, durch die Presse drücken. Okraschoten und Knoblauch dazugeben und nochmals 15-20 Minuten schmoren. Zuletzt mit Salz und Pfeffer abschmecken. Reis dazu reichen.

Tavuk Göğsü Sarması

Gefüllte Hähnchenrollen

4 Hähnchenbrustfilets
Salz
frisch gemahlener Pfeffer
2 Knoblauchzehen
1 TL Salz
2 EL mittelscharfer Senf
2 EL Tomatenmark
2 EL Olivenöl
1 Zwiebel
1 Stück Porree (Lauch)
1 rote Paprikaschote
150 g Schafskäse
2 Eier
Semmelbrösel zum Binden
Olivenöl zum Braten
1 Zwiebel
5 Tomaten
Saft von 1 Zitrone
1 TL abgeriebene Zitronenschale (unbehandelt)
200 g Joghurt
1 Bund Zitronenmelisse

Die Hähnchenbrustfilets der Länge nach halbieren, so daß dünne Schnitzelchen entstehen. Die Hähnchenschnitzel unter fließendem kaltem Wasser abspülen und gut trockentupfen. Das Fleisch mit Salz und Pfeffer kräftig würzen und auf einer Arbeitsfläche auslegen. Die Knoblauchzehen abziehen und mit Salz zerreiben. Die Knoblauchpaste mit dem Senf und dem Tomatenmark vermischen und die Hähnchenschnitzel damit einstreichen. Das Olivenöl in einer Pfanne erhitzen. Die Zwiebel abziehen, den Porree, die Paprikaschote putzen, die weißen Scheidewände entfernen, waschen, in feine Würfel oder Streifen schneiden, ins Olivenöl geben und glasig dünsten. Das Gemüse von der Herdstelle nehmen, den fein zerbröckelten Schafskäse und die Eier untermischen. Die Füllung mit Salz und Pfeffer kräftig würzen und je nach Bedarf mit Semmelbröseln binden. Die Füllung gleichmäßig auf die Hähnchenschnitzel verteilen, diese zusammenrollen und mit Zahnstochern feststecken. Das Olivenöl in einem Topf erhitzen und die Hähnchenrollen darin rundherum Farbe nehmen lassen. Zwiebel abziehen, fein hacken, dazugeben und kurz mitdünsten. Die Tomaten enthäuten, entkernen, in Würfel schneiden, mit dem Zitronensaft und der Zitronenschale zu den Hähnchenrollen geben. Den Topf verschließen und das Ganze bei mäßiger Hitze 15-20 Minuten schmoren lassen. Nach Ende der Garzeit die Hähnchenrollen anrichten, den Joghurt unter die Sauce rühren, mit Salz und Pfeffer kräftig abschmecken und die verlesene, gewaschene und kleingeschnittene Zitronenmelisse unterheben. Die Sauce unter ständigem Rühren nochmals erhitzen, aber nicht mehr kochen lassen. Die Sauce über die Hähnchenrollen verteilen, je nach Geschmack mit Kräuterzweigen garnieren und servieren.

Schwarzes Meer, Marmarameer, Mittelmeer. Was den Fischreichtum an den heimischen Küsten angeht, so können türkische Köche wirklich aus dem vollen schöpfen. Ständig landen fangfrisch die feinsten Delikatessen in ihren Küchen.

Selbst verwöhnte Hanseaten können da nur staunen, von deutschen Fischliebhabern im Flach- oder Hochland ganz zu schweigen. Doch auch wenn bei uns nicht alles zu haben ist, die nachfolgenden Rezepte für Sardellen, Barsch oder Makrele geben einen guten Einblick in jenen Teil der türkischen Gastronomie, die Neptun und Lukull wohlwollend nickend an einem Tisch vereint.

Setzen Sie sich ruhig dazu und genießen Sie, was uns an Zubereitungsideen ins Netz gegangen ist.

Uskumru Izgarası

Makrelen vom Rost

(Foto Seite 60/61)

4 küchenfertige Makrelen
Saft von 2 Zitronen
einige Tropfen Essig
Salz, Pfeffer
1 Bund Dill, 1 Bund Petersilie
60 ml Olivenöl
1 EL abgeriebene Zitronenschale
2 Knoblauchzehen
1 TL Oregano, 1 TL Basilikum
2 Zitronen
Kräuterzweige zum Garnieren

Die Makrelen unter fließendem kaltem Wasser abspülen und gut trockentupfen. Die Makrelen innen und außen mit Zitronensaft und Essig beträufeln. Anschließend mit Salz und Pfeffer kräftig würzen, im Kühlschrank 10-15 Minuten ziehen lassen. Dill und Petersilie waschen, trockentupfen, verlesen und zerpflücken. Die Kräuterzweige in die Makrelen füllen. Mit einem scharfen Messer die Makrelen an den Außenseiten mehrmals schräg einschneiden. Das Olivenöl mit Zitronenschale, fein gehackten Knoblauchzehen, dem Oregano, Basilikum vermischen und die Makrelen damit einstreichen. Im Kühlschrank weitere 10-15 Minuten ziehen lassen. Anschließend die Makrelen auf dem Rost garen. Die Zitronen achteln, die Makrelen anrichten, die Zitronenachtel dazugeben und mit Kräuterzweigen garniert servieren.

Fırında Midye

Überbackene Miesmuscheln

Etwa 1 1/2 kg Miesmuscheln
3 Knoblauchzehen
2 kleine Schalotten
1 Bund Petersilie
3 EL Semmelbrösel
Salz, Pfeffer
100 g Butter, Saft von 1 Zitrone

Miesmuscheln in reichlich kaltes Wasser geben, einige Stunden darin liegen lassen. Das Wasser ab und zu erneuern. Die Muscheln anschließend gründlich bürsten, bis das Wasser volkommen klar bleibt. Muscheln, die sich beim Wässern und anschließendem Bürsten öffnen, sind ungenießbar. Nur geschlossene Muscheln verwenden. Die Muscheln in kochendes Wasser geben, zum Kochen bringen, etwa 8 Minuten kochen lassen, bis sich die Schalen öffnen. Je eine Schalenhälfte entfernen. Die Schalen mit dem Muschelfleich nebeneinander auf ein gefettetes Backblech setzen. Für die Füllung Knoblauchzehen und Schalotten abziehen, in Stücke schneiden. Petersilie abspülen, trockentupfen, grob zerkleinern. Die drei Zutaten pürieren, mit Semmelbröseln, Salz und Pfeffer vermengen und auf die Muschelhälften verteilen. Butter zerlassen, mit dem Zitronensaft verrühren und über die Muscheln träufeln. Das Backblech in den vorgeheizten Backofen schieben und bei 200 °C (Heißluft etwa 180 °C) etwa 8 Minuten backen.

Balık Şiş

Fisch am Spieß

600 g Seelachsfilet
Saft von 2 Zitronen
einige Tropfen Weinessig
2 Zwiebeln
1 Zucchini
200 g große Champignonköpfe
Salz
frisch gemahlener Pfeffer
1 TL Oregano
1 TL Basilikum
5 EL flüssige Butter
2 EL Essig
1 Bund Petersilie

Das Seelachsfilet unter fließendem kaltem Wasser abspülen, abtropfen lassen, trockentupfen und in grobe Würfel schneiden.
Die Fischwürfel mit Zitronensaft und Weinessig beträufeln und im Kühlschrank 10-15 Minuten ziehen lassen. Die Zwiebeln abziehen, in Würfel schneiden. Die Zucchini putzen, waschen und in 1-2 cm dicke Scheiben schneiden. Die Champignonköpfe putzen und mit Zitronensaft beträufeln.
Die Fischwürfel aufspießen. Die Zwiebeln, Zucchinischeiben und Champignonköpfe auf separate Grillspieße stecken. Die Spieße mit Salz, Pfeffer, Oregano und Basilikum kräftig würzen, mit etwas flüssiger Butter bestreichen und auf dem Grill garen. Die restliche Butter mit dem Essig verrühren und kurz vor Garende die Fisch- und Gemüsespieße damit bestreichen und leicht Farbe nehmen lassen. Spieße anrichten und mit verlesener, gewaschener und feingehackter Petersilie bestreut servieren.

Karışık Balık Kızartması

Gemischter Fisch, fritiert

4 kleine vorbereitete Tintenfische (etwa 500 g)
500 g vorbereitete Sardellen
32 Scampi (mit Schale)
Weizenmehl
Olivenöl
Salz
Salatblätter
2 Zitronen

Tintenfische, Sardellen, Scampi unter fließendem kaltem Wasser abspülen, trockentupfen. Bei größeren Tintenfischen Beutel und Fangarme in Ringe schneiden, die kleineren ganz lassen. Scampi aus der Schale lösen, nacheinander Tintenfische, Scampi, Sardellen in Weizenmehl wenden, in Olivenöl goldbraun fritieren, auf Küchenkrepp abtropfen lassen, mit Salz würzen und auf gewaschenen und trockengetupften Salatblättern anrichten. Zitronen in Achtel schneiden, den fritierten Fisch damit garnieren.

Balık Yahnisi

Fischragout

(Foto, 6 Portionen)

1 kg Fischfilet, z. B. Seelachsfilet
Salz
frisch gemahlener Pfeffer
5 EL Sonnenblumenöl
2 EL Zitronensaft
10 Schalotten
4 Möhren
2-3 Knoblauchzehen
4 große Tomaten
Paprikapulver
250 ml (1/4 l) Fischfond
1 Bund glatte Petersilie

Das Fischfilet unter fließendem kaltem Wasser abspülen, trockentupfen, in Scheiben oder Würfel schneiden. Fisch salzen und pfeffern und mit etwas Zitronensaft beträufeln. Das Öl in einem Topf erhitzen. Die Schalotten abziehen, fein würfeln und darin goldbraun anbraten. Die Möhren schälen, waschen und würfeln. Die Knoblauchzehen abziehen, fein hacken. Möhren- und Knoblauchwürfel zu den Schalotten geben und unter Rühren 5 Minuten dünsten. Tomaten enthäuten, Stengelansätze heraussschneiden, das Fruchtfleisch in Würfel schneiden. Die Tomatenwürfel zu den Schalotten geben. Mit Salz, Pfeffer, Paprika würzen.
Den Fischfond erhitzen, hinzugießen und 10-15 Minuten im geschlossenen Topf köcheln. Die Fischstücke zu dem Gemüse geben, in etwa 6 Minuten gar ziehen lassen. Nochmals abschmecken. Die Petersilie waschen, fein hacken und das Fischragout damit bestreuen.

Midyeli Pilav

Reis mit Miesmuscheln

2-3 Stangen Porree (Lauch)
4 EL Butter
Salz
geriebene Muskatnuß
200 g Rundkornreis
500 ml (1/2 l) Gemüsebrühe
1 Prise Kurkuma
500 g frische Miesmuscheln
1 l Gemüsebrühe
200 g Tomaten
1 Bund Basilikum
frisch gemahlener Pfeffer

Porree putzen, die Stangen einschneiden, unter fließendem Wasser gründlich waschen und in feine Scheiben schneiden. Butter zerlassen, die Porreescheiben hineingeben, mit Salz und Muskatnuß würzen und gar dünsten. Reis abspülen, in der Gemüsebrühe aufkochen und 20-25 Minuten bei geringer Hitze ausquellen lassen. Mit Kurkuma würzen. Frische Miesmuscheln (nur geschlossene Muscheln verwenden) gründlich abbürsten, entbarten und in der Gemüsebrühe 5 Minuten garen, bis sich die

(Fortsetzung Seite 66)

Muscheln geöffnet haben. Tomaten abspülen, Stengelansätze herausschneiden und in feine Würfel schneiden. Das Basilikum abspülen, die Blätter von den Stengeln zupfen und klein schneiden. Das Muschelfleisch aus den Schalen lösen, zusammen mit dem Porree unter den Reis geben, evtl. nochmals kurz erhitzen. Mit Salz und Pfeffer würzen. Auf Teller geben und mit Tomatenwürfeln und Basilikum servieren.

Sebzeli Mürekkep Balığı

Tintenfisch mit Gemüse
(Foto)

600 g küchenfertige Tintenfischringe
Saft von 1 Zitrone
einige Tropfen Essig
Salz
frisch gemahlener Pfeffer
4 EL Olivenöl
1 TL Salz
1 Knoblauchzehe
1 Peperoni
2 Zwiebeln
1 Stange Porree (Lauch)
1 rote Paprikaschote
1 grüne Paprikaschote
4-5 Tomaten
250 ml (1/4 l) Fisch- oder Gemüsebrühe
1 Lorbeerblatt
1 Zweig Estragon
100 g schwarze Oliven
1 Bund Petersilie

Die küchenfertigen Tintenfischringe in eine Schüssel geben, mit Zitronensaft und Essig beträufeln. Die Tintenfischringe mit Salz und Pfeffer kräftig würzen und im Kühlschrank 10-15 Minuten ziehen lassen.
In der Zwischenzeit das Olivenöl in einem Topf erhitzen und die abgezogenen, mit Salz zerriebenen Knoblauchzehen darin andünsten. Die geputzten Peperoni fein hacken, ins Knoblauchfett geben und kurz mitdünsten. Die Zwiebeln abziehen, den Porree putzen und waschen, in dünne Scheiben oder Streifen schneiden, ins Knoblauchfett geben und kurz andünsten. Die Paprikaschoten halbieren, entkernen, weiße Scheidewände entfernen, abspülen, gut abtropfen lassen, in Streifen schneiden, zum Gemüse geben und kurz mitdünsten. Die enthäuteten, entkernten und in Würfel geschnittenen Tomaten unter das Gemüse rühren, die Fisch- oder Gemüsebrühe angießen. Das Lorbeerblatt und den Estragonzweig mit den Tintenfischringen in den Topf geben und das Ganze bei mäßiger Hitze zugedeckt 35-40 Minuten köcheln lassen. Nach Ende der Garzeit die schwarzen Oliven dazugeben und weitere 5-10 Minuten mitkochen. Anschließend das Ganze nochmals kräftig abschmecken, anrichten und mit verlesener, gewaschener und fein gehackter Petersilie servieren.
Tip: Dazu Fladenbrot reichen.

Sardalya Tava

Gebratene Sardellen

1 kg Sardellen
Saft von 2 Zitronen
einige Tropfen Essig
Salz
frisch gemahlener Pfeffer
3-4 Eier
3-4 EL Weizenmehl
1 Prise Muskatnuß
1 Prise Cayennepfeffer
1 EL Paprikapulver
250 ml (1/4 l) Olivenöl
2 Knoblauchzehen
1 TL Salz
2 Zitronen
1 Bund Petersilie

Die küchenfertigen Sardellen unter fließendem kaltem Wasser abspülen und gut abtropfen lassen. Die Sardellen in einen Topf geben, mit Zitronensaft und Essig beträufeln und im Kühlschrank 10-15 Minuten ziehen lassen. Anschließend die Sardellen mit Salz und Pfeffer kräftig würzen. Die Eier in eine Schüssel geben. Das Mehl dazugeben und alles gleichmäßig miteinander verrühren. Das Eiermehl mit Salz, Pfeffer, Muskatnuß, Cayennepfeffer und Paprikapulver würzen. Das Olivenöl in einer Pfanne erhitzen, Knoblauchzehen abziehen, in Salz zerreiben, in das Öl geben und andünsten. Die Sardellen durch den Eierteig ziehen und in Knoblauchöl ausbacken. Die Sardellen herausnehmen, gut abtropfen lassen, anrichten, mit Zitronenachteln und gewaschenen, geputzten Petersilienzweigen garniert servieren.

Fırında Uskumru

Gefüllte Makrelen

4 kleine ausgenommene Makrelen
Salz
frisch gemahlener Pfeffer
3 Bund Petersilie
2 Knoblauchzehen
abgeriebene Schale von 1 Zitrone (unbehandelt)
2 EL weiche Butter
Butter für die Form
8 Salbeiblätter
125 ml (1/8 l) Weißwein

Die Makrelen innen und außen unter fließendem kaltem Wasser abspülen, trockentupfen, mit Salz und Pfeffer bestreuen. Petersilie abspülen, trockentupfen, die Blättchen von den Stengeln zupfen und fein hacken. Knoblauchzehen abziehen, fein hacken und mit Petersilie, Zitronenschale und Butter gut vermengen. Die Masse in die Makrelen füllen und die Fische in eine gefettete, flache Gratinform legen. Die Salbeiblätter abspülen und auf die Fische legen. Den Weißwein hinzugießen. Die Form auf dem Rost in den vorgeheizten Backofen schieben und bei etwa 200 °C (Heißluft etwa 180 °C) etwa 30 Minuten backen.

Levrek Tava

Gebackene Barsche

4 küchenfertige Barsche à 400 g
Saft von 1 Zitrone
einige Tropfen Essig
Salz
frisch gemahlener Pfeffer
1/2 Bund Petersilie
1/2 Bund Dill

Für den Teig:
250 g Weizenmehl
2 Eigelb
125 ml (1/8 l) Milch oder Wasser
1 EL abgeriebene Zitronenschale (unbehandelt)
1 Prise Muskatnuß
1 Prise Zucker
4 EL gehackte Petersilie
2 Eiweiß
Olivenöl zum Ausbacken
Zitronenachtel und Kräuterzweige zum Garnieren

Die Barsche unter fließendem kaltem Wasser abspülen und gut trockentupfen. Die Barsche mit Zitronensaft und Essig beträufeln. Anschließend mit Salz und Pfeffer kräftig würzen und im Kühlschrank 10-15 Minuten ziehen lassen. Die Petersilie und den Dill verlesen, zerpflücken, waschen, gut abtropfen lassen und anschließend in die Barsche füllen. Für den Teig das Mehl in eine Schüssel sieben. Das Eigelb und die Milch oder das Wasser dazugeben und alles miteinander glattrühren. Den Teig mit Salz, Pfeffer, Zitronenschale, Muskatnuß und Zucker kräftig würzen. Die Petersilie unter den Teig rühren. Das Eiweiß zu sehr steifem Schnee schlagen und vorsichtig unter den Teig heben. Das Olivenöl in einem großen Topf erhitzen. Die Barsche durch den Teig ziehen und in Fett schwimmend goldgelb ausbacken. Herausnehmen und je nach Geschmack mit Zitronenachteln und Kräuterzweigen garniert servieren.

Levrek Izgarası

Gegrillte Barsche

4 küchenfertige Barsche
1 Knoblauchzehe
2 EL Speiseöl
Saft von 1 Zitrone
Salz
frisch gemahlener Pfeffer
1 Msp. Thymian
1 Msp. Oregano
1 Msp. Salbei

Barsche unter fließendem kaltem Wasser abspülen, trockentupfen. Knoblauchzehe abziehen, fein hacken, mit dem Speiseöl, Zitronensaft, Salz, Pfeffer und den Kräutern verrühren. Die Barsche innen und außen mit der Marinade bestreichen und etwa 1 Stunde stehen lassen. Den Fisch unter dem Grill von jeder Seite etwa 4 Minuten grillen. Tip: Dazu Hirtensalat und Fladenbrot reichen.

Ceviz Soslu Midye Tavası

Gebratene Muscheln in Walnußsauce
(Foto)

2 kg Miesmuscheln
125 ml (1/8 l) Olivenöl
4 Knoblauchzehen
2 Zwiebeln
2 Möhren
1 kleine Stange Porree (Lauch)
1 Lorbeerblatt
1 Zweig Thymian
750 ml (3/4 l) Gemüsebrühe
125 ml (1/8 l) Zitronensaft
Salz, Pfeffer
150 g Weizenmehl
Olivenöl zum Braten

Für die Walnußsauce:
100 g Walnußkerne
4 Scheiben entrindetes Toastbrot
200 g Joghurt

Die Miesmuscheln unter fließendem kaltem Wasser mit der Küchenbürste kräftig abbürsten und säubern. Das Olivenöl in einem Topf erhitzen und die abgezogenen, feingehackten Knoblauchzehen darin andünsten. Die Zwiebeln abziehen, die Möhren und den Porree putzen, waschen, in mundgerechte Stücke schneiden, ins Knoblauchfett geben und kurz andünsten. Das Lorbeerblatt und den Thymian dazugeben. Mit der Gemüsebrühe sowie dem Zitronensaft auffüllen und das Ganze zum Kochen bringen. Den Sud mit Salz und Pfeffer kräftig würzen und die Miesmuscheln portionsweise garen. Die geöffneten Muscheln aus dem Sud nehmen, gut abtropfen lassen und das Muschelfleisch herauslösen. Das Muschelfleisch in Mehl wenden. Das Olivenöl in einer Pfanne erhitzen und das Fleisch darin kurz braten. Die Walnußkerne mit 250 ml (1/4 l) Muschelsud und dem Gemüse aus dem Sud in einen Mixer geben und pürieren. Das entrindete und im Muschelsud eingeweichte Toastbrot in die Sauce geben und kurz durchmixen. Den Joghurt unter die Sauce ziehen, die gebratenen Muscheln anrichten, die Walnußsauce nochmals mit Salz, Pfeffer und Zitronensaft abschmecken, zu den gebratenen Muscheln geben und servieren.

Mürekkep Balığı Kızartması

Fritierter Tintenfisch

500 g Tintenfische (tiefgekühlt)
Salz
100 g Weizenmehl
Fritierfett
Saft von 2-3 Zitronen

Tintenfische auftauen lassen, unter fließendem kaltem Wasser abspülen, trockentupfen, in Ringe schneiden. Das Fritierfett in einer Friteuse auf 180-190 °C erhitzen. Die Tintenfischringe portionsweise goldbraun fritieren, auf Küchenkrepp abtropfen lassen. Die fritierten Tintenfischringe mit dem Zitronensaft beträufeln und sofort servieren.

Buğulama Midye

Muscheln im Sud

1 1/2 kg Miesmuscheln
250 g Zwiebeln
50 g Butter
1 Bund Suppengrün
1 EL gehackte Petersilie
2 Lorbeerblätter
375 ml (3/8 l) trockener Weißwein
Salz
20 Pfefferkörner

Miesmuscheln in reichlich kaltes Wasser geben, einige Stunden darin liegen lassen, das Wasser ab und zu erneuern. Die Muscheln anschließend gründlich bürsten, Bartbüschel entfernen. Die Muscheln so lange abspülen, bis das Wasser vollkommen klar bleibt. Muscheln, die sich beim Wässern und anschließendem Bürsten öffnen, sind ungenießbar. Nur Muscheln, die geschlossen bleiben, sind verwendbar. Zwiebeln abziehen, halbieren, in Scheiben schneiden. Butter zerlassen und die Zwiebelscheiben darin andünsten. Suppengrün putzen, waschen, in kleine Würfel schneiden, hinzugeben. Petersilie und Lorbeerblätter zu den Zwiebeln geben. Weißwein hinzugießen, zum Kochen bringen, durchdünsten lassen. Salz und Pfefferkörner dazugeben. Die Muscheln hineingeben und unter Rühren so lange erhitzen, bis sie sich öffnen. Muscheln, die sich nach dem Garen nicht öffnen, sind ungenießbar. Die Muscheln in einer vorgewärmten Schüssel anrichten und den Muschelsud mit Salz und Pfeffer abschmecken und zu den Muscheln reichen.
Tip: Dazu Rundkornreis und Hirtensalat servieren.

Fırında Sardalya

Sardellen aus dem Backofen
(Foto)

1 1/4 kg küchenfertige Sardellen
Olivenöl für die Form
1 Zitrone (unbehandelt)
1 Tomate
Saft von 1 Zitrone
5 EL Olivenöl
4 Knoblauchzehen
1 EL Petersilie
Salz
frisch gemahlener Pfeffer
Majoranblättchen

Sardellen unter fließendem kaltem Wasser abspülen, trockentupfen, nebeneinander in eine gefettete, flache Gratinform legen. Zitrone und Tomate waschen, in Scheiben schneiden und zwischen die Fische legen. Zitronensaft mit dem Olivenöl vermengen, darüber gießen. Knoblauchzehen abziehen und fein hacken. Knoblauch, Petersilie, Salz, Pfeffer und Majoranblättchen über die Fische streuen. Die Form auf dem Rost in den vorgeheizten Backofen schieben und bei etwa 200 °C (Heißluft etwa 180 °C) etwa 20 Minuten garen lassen.

Aus der Not eine Tugend machen. Nirgends hat dieses Sprichwort so reiche Früchte getragen wie in der Türkei. Das Land ist zwar arm – in weiten Teilen kann sich die Bevölkerung Fleisch nur an Festtagen leisten – doch lassen überaus günstige Klimabedingungen weite Regionen zum vegetarischen Paradies gedeihen. Entsprechend häufig und vielfältig zubereitet kommt Gemüse auf den Tisch.
Vor allem „dolma“ – Paprika, Zucchini, Auberginen, Tomaten, Kohl- oder Weinblätter, die mit einer Fleischfüllung warm und mit einer Mischung aus Reis, Rosinen, Nüssen und Gewürzen meist kalt serviert werden – lassen in all ihren schmackhaften Variationen keinerlei Mangelerscheinungen auftreten. Im Gegenteil!
Das Essen ist reich an Vitaminen und Nährstoffen, leicht verdaulich und erfüllt alle Forderungen einer ernährungsbewußten, modernen Küche.

Çoban Salatası

Hirtensalat

(Foto Seite 74/75)

1 kleiner Salat
1 Salatgurke (500 g)
½ Gemüsezwiebel
200 g Schafskäse
250 g Tomaten
1 Bund glatte Petersilie
2 milde Peperoni
10 schwarze Oliven

Für die Marinade:
4 EL Rotwein-Essig, 2 EL Wasser
Salz, Pfeffer, Oregano
½ TL Zucker
½ TL Rosenpaprika
6 EL Olivenöl

Salat putzen, zerpflücken, waschen, trockenschleudern. Gurke waschen, längs halbieren, in Scheiben schneiden. Zwiebel abziehen, in Streifen schneiden. Schafskäse in kleine Stücke schneiden. Tomaten waschen, achteln, Stielansatz entfernen. Petersilie abspülen, trockentupfen, die Blätter abzupfen und grob hacken. Peperoni putzen, waschen, evtl. Kerne entfernen und in Ringe schneiden. Eine große Platte mit dem Salat auslegen. Die vorbereiteten Zutaten mit den Oliven daraufschichten. Für die Marinade Essig und Wasser mit Salz, Pfeffer, Oregano, Zucker, Rosenpaprika, würzen. Das Öl unterrühren, gleichmäßig über den Salat geben.

Pırasa Salatası

Lauchröllchen

4-6 Stangen Porree (Lauch)
Salzwasser
etwas Salz
frisch gemahlener Pfeffer

Für die Marinade:
100 ml Weißwein
4 EL Weißweinessig
100 ml Olivenöl

Porreestangen putzen, halbieren oder vierteln, dabei das untere Ende zusammen lassen, damit sie nicht auseinanderfallen. Gründlich waschen, am grünen Ende großzügig wegschneiden, jedoch die inneren zarten grünen Blätter zum Kochen aufheben. Porree in kochendes Salzwasser geben, wieder zum Kochen bringen und in etwa 3-5 Minuten leicht weichkochen lassen. Mit einer Schaumkelle herausschöpfen, etwas erkalten lassen, die Enden jetzt auseinander schneiden. Den noch leicht warmen Porree über den kleinen Finger zusammenrollen und etwas ausdrücken. Die Röllchen in einer flachen Schüssel dicht nebeneinander legen. Mit Salz und Pfeffer würzen. Weißwein, Olivenöl und Essig verrühren und darüber gießen. Über Nacht im Kühlschrank durchziehen lassen.

Domates Salçalı Kabak Kızartması

Gebackene Zucchini in Tomatensauce

2 mittelgroße Zucchini
Saft von 1 Zitrone
Salz
frisch gemahlener Pfeffer
3 Eier
3 EL Weizenmehl
2-3 EL gehackte Petersilie
5 EL Olivenöl
1 TL Salz
2 Knoblauchzehen
1 Zwiebel
4-5 Tomaten
2 EL Tomatenmark
200 ml Gemüsebrühe
einige Tropfen Essig
1 Prise Cayennepfeffer
1 Prise Zucker
1 Bund Basilikum

Die Zucchini putzen, in 1-2 cm dicke Scheiben schneiden. Die Zucchinischeiben mit Zitronensaft beträufeln, mit Salz und Pfeffer kräftig würzen. Die Eier und das Mehl miteinander glattrühren und die Petersilie unterziehen. Das Olivenöl in einer Pfanne erhitzen und die abgezogenen, mit Salz zerriebenen Knoblauchzehen darin andünsten. Die Zucchinischeiben durch den Eierteig ziehen, im Knoblauchfett goldgelb ausbacken, herausnehmen und in eine Schüssel geben. Die Zwiebel abziehen, fein würfeln und im restlichen Bratfett andünsten. Die enthäuteten, entkernten und in Würfel geschnittenen Tomaten dazugeben, das Tomatenmark unterrühren, mit Gemüsebrühe auffüllen und bei mäßiger Hitze 6-8 Minuten köcheln lassen. Die Tomatensauce mit Essig, Cayennepfeffer, Zucker, Salz und Pfeffer kräftig würzen. Das verlesene, gewaschene, feingehackte Basilikum unter die Sauce ziehen. Die Zucchinischeiben anrichten, mit der Sauce überziehen und warm oder kalt servieren.

Cacık

Gurken mit Joghurt

1/2 Salatgurke
500 g Joghurt
150 ml Wasser
3 Knoblauchzehen
Salz
frischer Dill oder
getrocknete Minzeblätter
einige Tropfen Olivenöl

Die Salatgurke schälen und in sehr kleine Würfel schneiden. Den Joghurt mit Wasser vermischen und in eine Schüssel geben. Gurkenwürfel hinzugeben. Die Knoblauchzehen abziehen, über die Gurkenwürfel pressen. Alles gut verrühren. Mit Salz abschmecken, mit Dill oder gehackten Minzeblättern bestreuen. Zum Schluß in Portionsschälchen füllen und einige Tropfen Öl darübergeben.

Sebzeli Fasulye

Gemüse-Bohnen-Pfanne
(Foto)

375 g Kartoffeln
1 grüne Paprikaschote (150 g)
1 große Zwiebel
2 Knoblauchzehen
1 Stange Porree (Lauch)
4 EL Olivenöl
1 Dose (800 g) Tomaten
1 Dose (255 g) Rote Bohnen
Oregano
Thymian
Salz, Pfeffer
Chilipulver, Zucker
1 Scheibe Schafskäse (150 g)

Kartoffeln schälen, waschen, würfeln. Paprikaschoten halbieren, entstielen, entkernen, die weißen Scheidewände entfernen. Die Schoten waschen und in Streifen schneiden. Zwiebel, Knoblauchzehen abziehen und würfeln. Porree putzen, in Ringe schneiden und waschen. Öl erhitzen und Kartoffelwürfel, Paprika, Zwiebel, Knoblauch und Porree dazugeben und 10 Minuten unter Rühren dünsten lassen. Mit den Tomaten ablöschen. Die Roten Bohnen gut abtropfen lassen und hinzugeben. Mit Oregano, Thymian, Salz und Pfeffer würzen. Alles etwa 15 Minuten garen. Nochmals mit Salz, Pfeffer, Chilipulver und Zucker abschmecken. Schafskäse in Würfel schneiden und vor dem Servieren über die Bohnenpfanne streuen.

Zeytinyağlı Mantar

Marinierte Champignons

400 g frische, kleine Champignonköpfe
Saft von 2 Zitronen
5 EL Olivenöl
1 TL Salz, 2 Knoblauchzehen
1 TL abgeriebene Zitronenschale (unbehandelt)
2 Zwiebeln
150 ml Gemüsebrühe
4-5 Tomaten
1 TL Oregano
1 TL Basilikum
Salz, Pfeffer
1 Bund Petersilie

Die Champignonköpfe putzen, abspülen, gut abtropfen lassen. Die Champignonköpfe mit Zitronensaft beträufeln. Das Olivenöl in einer Pfanne erhitzen und die abgezogenen, mit Salz zerriebenen Knoblauchzehen darin andünsten. Die Zitronenschale, die abgezogenen, in Würfel geschnittenen Zwiebeln ins Knoblauchfett geben und andünsten. Die Champignonköpfe dazugeben, kurz mitdünsten, mit der Gemüsebrühe ablöschen. Die enthäuteten, entkernten und in Würfel geschnittenen Tomaten mit Oregano und Basilikum unter die Champignons heben. Mit Salz, Pfeffer kräftig würzen und bei mäßiger Hitze 6-8 Minuten köcheln lassen. Die gewaschene und feingehackte Petersilie untermischen, in eine Schüssel geben, erkalten lassen und im Kühlschrank mindestens über Nacht marinieren.

Lahana Sarması

Weißkrautrouladen mit pikanter Füllung

1 kleiner Kopf Weißkohl (700 g)
Salzwasser
400 g Lammgehacktes
1 Zwiebel
2 Scheiben Weißbrot
Gemüsebrühe zum Einweichen
1 TL Salz
1 Knoblauchzehe
2 Eier
1/2 Bund Pfefferminze
1 TL abgeriebene Zitronenschale (unbehandelt)
Salz
frisch gemahlener Pfeffer
1 Prise Cayennepfeffer
100 g Schafskäse
Semmelbrösel zum Binden
60 ml Olivenöl
1 Zwiebel
4-5 Tomaten
250 ml (1/4 l) Gemüse- oder Fleischbrühe
1 Zweig Thymian

Den Strunk aus dem Weißkohlkopf herausschneiden. Die Blätter vorsichtig vom Kopf ablösen. Salzwasser in einem Topf erhitzen und die Blätter darin 8-10 Minuten blanchieren. Die Weißkohlblätter herausnehmen, gut abtropfen lassen und je 2-3 Blätter auf einer Arbeitsfläche übereinanderlegen. Für die Füllung das Lammgehackte in eine Schüssel geben. Die Zwiebel abziehen, fein würfeln und zum Fleisch geben. Das Weißbrot entrinden, in Gemüsebrühe kurz einweichen, gut ausdrücken und zum Fleisch geben. Die abgezogene, mit Salz zerriebene Knoblauchzehe und die Eier ebenfalls zum Fleisch geben und zu einer Masse verarbeiten. Die verlesene, gewaschene und feingehackte Pfefferminze mit der Zitronenschale unter die Fleischmasse arbeiten. Die Fleischmasse mit Salz, Pfeffer und Cayennepfeffer kräftig würzen. Den in kleine Würfel geschnittenen Schafskäse unter das Fleisch heben und je nach Bedarf mit Semmelbröseln binden. Die Masse gleichmäßig auf die Weißkrautblätter verteilen. Die Blätter zusammenschlagen und mit Hilfe eines feuchten Küchentuchs zu Rouladen eindrehen. Das Olivenöl im Schmortopf erhitzen, die abgezogene und feingehackte Zwiebel darin andünsten. Die Tomaten enthäuten, den Stielansatz entfernen, die Tomaten entkernen, in Würfel schneiden und zu den Zwiebeln geben. Mit der Gemüse- oder Fleischbrühe auffüllen. Den Thymianzweig in die Sauce geben und einmal aufkochen lassen. Die Rouladen in die Sauce einsetzen, den Topf verschließen und im vorgeheizten Backofen bei etwa 180 °C (Heißluft etwa 160 °C) 20-25 Minuten garen. Nach Ende der Garzeit die Sauce nochmals kräftig abschmecken, über die Rouladen verteilen und servieren.
Tip: Dazu Rundkornreis oder Fladenbrot reichen.

Kabak Dolması

Gefüllte Zucchini

4 mittelgroße Zucchini
Saft von 1 Zitrone
4 EL Weißwein
Salz, Pfeffer
500 g Rindergehacktes
1 Zwiebel
2 Scheiben Weißbrot
Gemüsebrühe zum Einweichen
2 Eier
1 EL mittelscharfer Senf
100 g gekochter Rundkornreis
1 TL Oregano
1 TL Basilikum
1 EL grüne Pfefferkörner
3 EL Olivenöl
250 ml (1/4 l) Gemüsebrühe
125 ml (1/8 l) Weißwein
Saft von 1 Zitrone
1/2 Bund Pfefferminze

Die Zucchini putzen, abspülen, abtropfen lassen, halbieren. Das Fruchtfleisch aus den Zucchinihälften mit einem Teelöffel herauslösen. Das Fruchtfleisch fein würfeln und die Zucchinihälften mit Zitronensaft und Weißwein beträufeln, mit Salz und Pfeffer würzen. Das Rindergehackte in eine Schüssel geben. Das Zucchinifruchtfleisch, die abgezogene, feingehackte Zwiebel dazugeben. Das Weißbrot entrinden, in Gemüsebrühe kurz weichen, ausdrücken, mit den Eiern, dem Senf und dem Reis zum Fleisch geben. Oregano, Basilikum sowie die Pfefferkörner dazugeben, alles zu einer Masse verarbeiten. Die Fleischmasse in die Zucchinihälften gleichmäßig verteilen und leicht festdrücken. Das Olivenöl in einem Topf erhitzen. Die Zucchinihälften einsetzen und kurz andünsten, mit Gemüsebrühe, Weißwein und Zitronensaft angießen, den Topf verschließen, im vorgeheizten Backofen bei etwa 180 °C (Heißluft etwa 160 °C) 20 - 30 Minuten schmoren lassen. Nach Ende der Garzeit die Zucchinihälften mit verlesener, gewaschener und feingehackter Pfefferminze bestreuen und servieren.

Biber Salatası

Paprika und Knoblauch in Olivenöl

750 g rote und gelbe Paprikaschoten
4 - 5 Knoblauchzehen, etwas Salz
100 ml Olivenöl
2 EL Zitronensaft

Paprikaschoten halbieren, entkernen, weiße Scheidewände entfernen, waschen, vierteln. Im Backofen bei etwa 220 °C (Heißluft etwa 200 °C) so lange grillen, etwa 20 Minuten, bis sie Blasen werfen. Inzwischen die Knoblauchzehen abziehen, grob hacken bzw. in Scheiben schneiden. Die Paprikaschoten etwas abkühlen lassen, die Haut sorgfältig abziehen. Paprika in mittelgroße Stücke schneiden, mit etwas Salz, Knoblauch, Olivenöl und Zitronensaft zwei Tage marinieren lassen.

Kaplanmış Sebze Kızartması

Gemüse im Teig
(Foto)

4 Möhren
200 g Blumenkohlröschen
200 g Tomaten
Salzwasser
1 Lorbeerblatt
einige Nelken
einige Pfefferkörner
einige Wacholderbeeren
200 g Weizenmehl
1 Prise Salz
1 Prise Muskatnuß
250 ml (1/4 l) Milch
2 Eigelb
2 Eiweiß
Öl zum Ausbacken

Die Möhren und die Blumenkohlröschen putzen, abspülen, gut abtropfen lassen, in Stücke schneiden. Tomaten abspülen, entstielen, trockentupfen. Das Salzwasser in einem Topf erhitzen. Das Lorbeerblatt, die Nelken, die Pfefferkörner und die Wacholderbeeren dazugeben und 5 - 6 Minuten köcheln lassen. Anschließend das Gemüse in das Gewürzwasser geben, bei mäßiger Hitze 10 Minuten blanchieren. Das Gemüse herausnehmen, zum Abtropfen auf ein Küchentuch legen. Das Mehl in eine Schüssel sieben, mit Salz und Muskatnuß würzen. Die Milch und das Eigelb dazugeben und zu einem glatten Teig verrühren.

Das Eiweiß sehr steif schlagen, unter den Teig heben. Das Öl in einem Topf erhitzen, das Gemüse durch den Teig ziehen und in Fett schwimmend goldgelb ausbacken. Herausnehmen, gut abtropfen lassen und servieren.

Zeytinyağlı Taze Fasulye

Grüne Bohnen in Olivenöl

500 g frische Grüne Bohnen
4 - 5 mittelgroße Tomaten
2 - 3 Zwiebeln
5 EL Olivenöl
1 TL Bohnenkraut
Salz
frisch gemahlener Pfeffer
1 Prise Zucker

Bohnen evtl. abfädeln, waschen, in etwa 4 cm lange Stücke schneiden. Tomaten enthäuten, Stielansatz entfernen, vierteln, Kerne entfernen, das Fruchtfleisch grob würfeln. Zwiebeln abziehen, halbieren, in Würfel schneiden, in dem Olivenöl andünsten. Bohnenstücke hinzugeben und andünsten. Tomatenstücke, Bohnenkraut, Salz, Pfeffer und Zucker dazugeben. Etwa 1 Minute stark erhitzen, dann herunterschalten und im geschlossenen Topf etwa 40 Minuten garen. Nochmals abschmecken.

Etli Biber Dolması

Gefüllte Paprikaschoten

4 grüne Paprikaschoten
400 g Lammgehacktes
1 TL Salz
2 Knoblauchzehen
1 Zwiebel
2 EL mittelscharfer Senf
Salz
frisch gemahlener Pfeffer
1 Prise Cayennepfeffer
1 EL Majoran
einige Tropfen Zitronensaft
2 Scheiben Weißbrot
etwas Milch oder Gemüsebrühe
2 Eier
1/2 Bund Petersilie
2-3 EL Olivenöl
1 Zwiebel
4-5 Tomaten
80 ml Gemüse- oder Fleischbrühe

Mit einem Messer von den Paprikaschoten eine Haube abschneiden. Die Paprikaschoten entkernen, weiße Scheidewände entfernen, abspülen, abtropfen lassen. Das Lammgehackte in eine Schüssel geben. Die abgezogenen, mit Salz zerriebenen Knoblauchzehen, die abgezogenen und feingehackten Zwiebeln und den Senf zum Fleisch geben und alles gut miteinander vermischen. Das Fleisch mit Salz, Pfeffer, Cayennepfeffer, Majoran und Zitronensaft kräftig würzen. Das Weißbrot entrinden, in Milch oder Gemüsebrühe kurz einweichen, gut ausdrücken, mit den Eiern und der verlesenen, gewaschenen und feingehackten Petersilie zum Fleisch geben. Alles zu einer Masse verarbeiten. Nochmals kräftig abschmecken und gleichmäßig in die Paprikaschoten füllen. Das Olivenöl in einem Schmortopf erhitzen und die abgezogene, feingehackte Zwiebel darin andünsten. Die enthäuteten, entkernten und in Würfel geschnittenen Tomaten dazugeben. Gemüse- oder Fleischbrühe angießen und einmal aufkochen lassen. Die gefüllten Paprikaschoten in die Sauce geben, in eine Auflaufform setzen, verschließen, im Backofen bei etwa 180 °C (Heißluft etwa 160 °C) 20-25 Minuten garen lassen. Nach Ende der Garzeit die Paprikaschoten anrichten, die Sauce nochmals abschmecken, über die Schoten verteilen und servieren.

Sarmısaklı Yoğurtlu Patlıcan Kızartması

Gebratene Auberginen mit Knoblauchjoghurt

600 g Auberginen
2 EL Salz
Saft von 1 Zitrone
Salz
frisch gemahlener Pfeffer
125 ml (1/8 l) Olivenöl
2 Knoblauchzehen
1 TL Salz
1/2 Bund Basilikum

Für den Knoblauchjoghurt:

200 g Salatgurke
1 Zwiebel, 2 Knoblauchzehen
400 g Joghurt
1 TL gemahlener Kreuzkümmel
1/2 TL gemahlener Kardamom
einige Tropfen Zitronensaft
Salz, Pfeffer
2-3 EL Schnittlauch

Die Auberginen putzen, abspülen, trockentupfen. Die Auberginen in Scheiben schneiden und mit Salz bestreuen, im Kühlschrank mindestens 10 Minuten ziehen lassen. Anschließend die Auberginenscheiben nochmals unter fließendem kaltem Wasser abspülen und erneut trockentupfen. Mit dem Saft der Zitrone beträufeln und weitere 10 Minuten ziehen lassen.
Die Auberginenscheiben salzen, pfeffern. Das Olivenöl in einer Pfanne erhitzen, die abgezogenen, mit Salz zerriebenen Knoblauchzehen im Olivenöl andünsten.
Die Auberginenscheiben ins Knoblauchöl geben und goldgelb braten, herausnehmen, trockentupfen, kleine Türmchen schichten und mit Basilikum verzieren. Für den Knoblauchjoghurt den Joghurt in eine Schüssel geben. Die Gurke und die Zwiebel putzen, fein raspeln und mit den feingehackten Knoblauchzehen unter den Joghurt mischen. Den Joghurt mit Kreuzkümmel, Kardamom, Zitronensaft, Salz und Pfeffer kräftig würzen. Die Auberginenscheiben anrichten, mit dem Knoblauchjoghurt überziehen und mit feingeschnittenem Schnittlauch bestreut servieren.

Domates Salçalı Biber Kızartması

Gebratene Paprikawürfel in Tomatensauce

2 rote Paprikaschoten
2 grüne Paprikaschoten
1 Zwiebel
5 EL Olivenöl
1 TL Salz
2 Knoblauchzehen
4 Tomaten
1 TL Oregano, 1 TL Basilikum
Salz, Pfeffer
3-4 EL Weinessig
1 Prise Zucker
1 Bund Petersilie

Die Paprikaschoten halbieren, entkernen, weiße Scheidewände entfernen, abspülen und gut abtropfen lassen. Die Paprikahälften in Würfel schneiden, die Zwiebel abziehen und ebenfalls würfeln. Das Olivenöl in einer Pfanne erhitzen und die in Salz zerriebenen Knoblauchzehen darin andünsten. Die Paprikawürfel und die Zwiebeln ins Knoblauchfett geben und darin braten. Die Tomaten enthäuten, entkernen, in Würfel schneiden, mit dem Oregano und dem Basilikum zu den Paprikaschoten geben und einmal aufkochen lassen. Die Paprikawürfel mit Salz, Pfeffer, Weinessig und Zucker kräftig würzen.
Die gebratenen Paprikawürfel mit der Tomatensauce überziehen und mit der verlesenen, gewaschenen und feingehackten Petersilie bestreut servieren.

Domatesli Kabak Dolması

Gefüllte Zucchini in Tomatensauce
(Foto)

150 g Rundkornreis
500 ml (1/2 l) Wasser
etwas Salz, 4 Zwiebeln
5 EL Olivenöl
1 Dose (425 ml) geschälte Tomaten
2 EL Tomatenmark
Salz, Pfeffer, Majoran
1 Prise Zucker
4 mittelgroße Zucchini (800 g)
1 Bund frische Minze
375 g Lammgehacktes
Muskatnuß, Koriander
200 g Schafskäse
50 g Butterflocken

Reis in kochendem Salzwasser etwa 15 Minuten bei schwacher Hitze quellen lassen. Abgießen und abtropfen lassen. Zwiebeln abziehen und fein würfeln. 2 Eßlöffel Olivenöl in einem Topf erhitzen und die Zwiebelwürfel darin andünsten. Tomaten, Tomatensaft und Tomatenmark hinzufügen. Dabei die Tomaten etwas zerkleinern und alles gut durchschmoren lassen. Mit Salz, Pfeffer, Majoran, Zucker abschmecken. Die Sauce in eine feuerfeste Form füllen. Zucchini waschen, längs halbieren. Zucchni mit einem Löffel aushöhlen, das Zucchinifleisch fein hacken, salzen und pfeffern. Minze waschen, fein hacken und in die ausgehöhlten Zucchini streuen. Das restliche Olivenöl erhitzen, das Lammgehackte und Zucchinifleisch anbraten, mit Muskatnuß, Salz, Pfeffer und Koriander würzen. Die Mischung in die Zucchini füllen und in die Tomatensauce setzen. Den Schafskäse in Scheiben schneiden, darauf verteilen. Butterflöckchen darüber geben und in den Backofen schieben. Den Auflauf bei 200 - 220 °C (Heißluft 180 - 200 °C) etwa 35 Minuten backen.

Ispanaklı Yumurta

Spinateier
(Für 6 Personen)

1,5 kg frischer Spinat oder
900 g tiefgefrorener Spinat
2 Zwiebeln, 2 Knoblauchzehen
100 g Butter
Salz, Pfeffer
1 Prise Muskatnuß
6 Eier
15 g Butter zum Ausfetten der Form

Spinat verlesen, waschen, gut abtropfen lassen. Zwiebeln und Knoblauchzehen abziehen, fein würfeln. Die Butter in einem großen Topf zerlassen. Die Zwiebel- und Knoblauchwürfel darin andünsten, den Spinat hinzufügen, in 5 Minuten gar dünsten. Mit Salz, Pfeffer und Muskatnuß würzen. Den Spinat in 6 feuerfeste, mit Butter ausgestrichene Förmchen geben, darüber je ein Ei schlagen, etwas salzen. In den Backofen geben und 25 Minuten bei 180 - 200 °C (Heißluft 160 - 180 °C) überbacken.

Zetinyağlı Bamya

Okragemüse mit Pfefferminze

1 kg frische Okraschoten
Saft von 2 Zitronen
einige Tropfen Essig
5 EL Olivenöl
1 TL Salz
2 Knoblauchzehen
2 Zwiebeln
1 Peperoni
4-5 Tomaten
125 ml (1/8 l) Gemüsebrühe
Salz, Pfeffer
1 Prise Cayennepfeffer
1 Prise Zucker
1 Bund Pfefferminze

Die Okraschoten abspülen, abtropfen lassen. Die Stielenden der Okraschoten bleistiftartig zuspitzen, damit das Fruchtmark beim Garen nicht auslaufen kann. Das Okragemüse in eine Schüssel geben, mit Zitronensaft und Essig beträufeln. Das Olivenöl in einer Pfanne erhitzen und die abgezogenen, mit Salz zerriebenen Knoblauchzehen darin andünsten. Die Zwiebeln abziehen, fein würfeln, mit der geputzten, feingehackten Peperoni ins Knoblauchöl geben und andünsten. Die enthäuteten, entkernten und in Würfel geschnittenen Tomaten unter die Zwiebeln mischen, mit der Gemüsebrühe ablöschen und das Okragemüse dazugeben. Mit Salz, Pfeffer, Cayennepfeffer, Zucker kräftig würzen, den Topf verschließen und bei mäßiger Hitze 15-20 Minuten schmoren lassen. Nach Ende der Garzeit das Gemüse nochmals kräftig abschmecken, die verlesene, gewaschene und feingeschnittene Pfefferminze unterheben und servieren.

Dolma

Gefülltes Gemüse

2 große Auberginen
2 große Zucchini
1 Gemüsezwiebel
2 Knoblauchzehen
2 Fleischtomaten
600 g Lammgehacktes
2 Eier
1 EL gehackte Minze
Salz, Pfeffer
100 g Schafskäse
Butterflöckchen

Auberginen waschen, Stengel abschneiden. Zucchini waschen, die Enden abschneiden. Beides quer halbieren, Fruchtfleisch bis auf 1 cm am dicken Rand herauslösen und würfeln. Zwiebel und Knoblauchzehen abziehen, fein hacken. Tomaten enthäuten, entkernen, würfeln. Das Lammgehackte mit Gemüse, Knoblauch, Eiern und Minze, Salz, Pfeffer vermengen, in die Hälften füllen. Das Gemüse in eine gefettete Auflaufform setzen, in den vorgeheizten Backofen schieben und bei etwa 180 °C (Heißluft etwa 160 °C) 30-40 Minuten garen. Schafskäse und Butterflöckchen darübergeben und 5 Minuten überbacken.

Sebzeli Kırmızı Mercimek

Rotes Linsengemüse

400 g rote Linsen
4 EL Olivenöl
2 Knoblauchzehen
1 TL Salz
1 Zwiebel
1 Möhre
1 Stange Porree (Lauch)
1 Stück Sellerie
2-3 EL Tomatenmark
750 ml (3/4 l) Gemüse- oder Fleischbrühe
6 EL Essig
1 Zweig Thymian
Salz
frisch gemahlener Pfeffer
1 Prise Cayennepfeffer
2 EL Honig
1 Bund Schnittlauch

Linsen abspülen, abtropfen lassen. Die Linsen in eine Schüssel geben, mit Salzwasser übergießen und über Nacht einweichen. Das Olivenöl in einem Topf erhitzen, die abgezogenen, mit Salz zerriebenen Knoblauchzehen darin andünsten. Die Zwiebel abziehen, Möhre, Porree und Sellerie putzen, waschen. Die Zutaten in feine Würfel schneiden, ins Knoblauchöl geben und kurz mitdünsten. Das Tomatenmark unterrühren und mit der Gemüse- oder Fleischbrühe angießen und zum Kochen bringen. Die Linsen gut abtropfen lassen, in den Sud geben und bei mäßiger Hitze 30-40 Minuten köcheln lassen. Essig unter das Linsengemüse ziehen und den Thymianzweig dazugeben. Mit Salz, Pfeffer, Cayennepfeffer und Honig würzen.
Bei mäßiger Hitze weitere 10-15 Minuten köcheln lassen. Nach Ende der Garzeit das Linsengemüse nochmals abschmecken, anrichten und mit feingeschnittenem Schnittlauch bestreut servieren.

Yoğurtlu Havuç Salatası

Möhrensalat mit Joghurt

600 g Möhren
4 EL Olivenöl
1 Zwiebel
1 TL Salz
1 Knoblauchzehe
150 g Joghurt
einige Tropfen Zitronensaft
Salz, Pfeffer
1/2 Bund Petersilie

Die Möhren schälen, abspülen, abtropfen lassen und auf der Gemüsereibe raspeln. Das Olivenöl in einer Pfanne erhitzen.
Die abgezogene, feingehackte Zwiebel und die abgezogene, mit Salz zerriebene Knoblauchzehe ins Bratfett geben und kurz anschwitzen. Die Möhrenraspel dazugeben, kurz anbraten, erkalten lassen. Den Joghurt mit Zitronensaft glattrühren, mit Salz und Pfeffer kräftig würzen und über die Möhrenraspel geben, mit verlesener, gewaschener und feingehackter Petersilie bestreut servieren.

Türken schwärmen – unter anderem – für hausgemachte Reisgerichte. „Pilav“ gehört daher auf jeden Tisch, zu jeder Gelegenheit.
Pilav ist in der Alltagsküche ebenso zu finden wie auf der Festtagstafel. Und dabei ist es ganz egal, ob der Reis scharf gewürzt, mit Gemüse verfeinert, mit Fleisch angerichtet oder gar mit Korinthen, Pistazien, Mandeln und Pinienkernen in seiner üppigen Version serviert wird.
Die sorgfältige, liebevolle Zubereitung ist ihm allemal sicher. Das gilt übrigens nicht nur für Reis sondern auch für Nudeln, die die anatolische Hausfrau ebenso wie der Schwarzmeer-Chefkoch oft und gern als Grundlage einfacher Kost oder raffinierter Speisen nutzt. Phantasie ist gefragt und vorhanden. Gute Rezepte natürlich auch…

İçli Pilav

Geflügelreis

2 Hähnchenbrustfilets
Salz
frisch gemahlener Pfeffer
1 TL gemahlener Kreuzkümmel
1 TL Thymian
5 EL Olivenöl
1 Zwiebel
200 g tiefgekühlte Erbsen
500 g gekochter Rundkornreis
125 ml (1/8 l) Geflügelbrühe
1 Prise Safran
1 Prise Cayennepfeffer
30 g Mandelsplitter
30 g Pistazienkerne
30 g Pinienkerne
50 g eingeweichte Korinthen
1/2 Bund Petersilie

Die Hähnchenbrustfilets unter fließendem kaltem Wasser abspülen, trockentupfen. Das Fleisch in kleine Würfel schneiden, mit Salz, Pfeffer, Kreuzkümmel und Thymian kräftig würzen. Das Olivenöl in einer Pfanne erhitzen und das Hähnchenfleisch darin braten. Die abgezogene und in feine Würfel geschnittene Zwiebel dazugeben und kurz mitbraten. Die Erbsen und den Reis unterheben und erhitzen. Die Geflügelbrühe mit dem Safran und dem Cayennepfeffer sowie Salz und Pfeffer kräftig würzen. Die Geflügelbrühe angießen. Die Mandelsplitter, die Pistazienkerne, die Pinienkerne und die Korinthen unter den Reis heben, bei mäßiger Hitze 4-6 Minuten erhitzen. Nach Ende der Garzeit den Geflügelreis nochmals kräftig abschmecken. Die verlesene, gewaschene und feingehackte Petersilie untermischen und servieren.

Zerdeli Pilav

Safranreis

(Foto Seite 90/91)

100 g Milchreis
500 ml (1/2 l) Milch
75 g Zucker
4 Safranfäden
2 EL Rosenwasser
25 g Pistazienkerne
1 Granatapfel
30 g Korinthen

Milchreis mit Milch und Zucker zum Kochen bringen. Nach etwa 20 Minuten die Safranfäden und das Rosenwasser zugeben und weitere 20 Minuten quellen lassen. In der Zwischenzeit die Pistazien hacken. Den Granatapfel quer durchschneiden, Kerne zum Teil mit einem Löffel entfernen. Die restlichen Kerne durch Klopfen auf die äußere Schale lösen. Korinthen gut waschen und abtropfen lassen. Milchreis portionsweise auf Tellern anrichten und mit Pistazien, Granatapfelkernen und Korinthen garnieren.

Düğün Pilavı

Hochzeitsreis

500 ml (1/2 l) Milch
250 g Milchreis
1 EL abgeriebene Zitronenschale
2 Vanilleschoten
1 Prise Salz
75 g Zucker
einige Tropfen Rosenwasser
40 ml Wasser
1 1/2 g Safran
100 g eingeweichte Rosinen
50 g Pistazienkerne
2 mittelgroße Granatäpfel
Melissenzweige zum Garnieren

Die Milch in einen Topf geben. Den Milchreis abspülen, gut abtropfen lassen, mit der Zitronenschale, dem ausgeschabten Vanillemark und dem Salz zur Milch geben. Unter ständigem Rühren zum Kochen bringen und bei mäßiger Hitze den Reis 15-20 Minuten ausquellen lassen. Den Zucker und das Rosenwasser unter den Reis ziehen. Das Wasser und den Safran miteinander verrühren und ebenfalls unter den Reis geben. Bei mäßiger Hitze weitere 10 Minuten ausquellen lassen. Anschließend die Rosinen, die Pistazienkerne und die Granatapfelkerne unter den Reis heben. Den Reis erkalten lassen, mit den Melissenzweigen garnieren und servieren.

Tavuk Ciğerli Pilav

Reis mit Hähnchenleber

4 EL Olivenöl
400 g Hähnchenleber
Salz, Pfeffer
1/2 Bund Petersilie
1 Zwiebel
2 Tomaten
50 g eingeweichte Korinthen
50 g Pinienkerne
500 g gekochter Rundkornreis
1 Prise Cayennepfeffer
1 EL Paprikapulver
1/2 Bund feingehackte Pfefferminze

Das Olivenöl in einer Pfanne oder einem Topf erhitzen. Die Hähnchenleber unter fließendem kaltem Wasser abspülen, gut abtropfen lassen, in Stücke schneiden. Die Leber in das Öl geben und braten. Mit Salz und Pfeffer kräftig würzen. Die Leber her ausnehmen und bereitstellen. Die verlesene, gewaschene und feingehackte Petersilie über die Hähnchenleber streuen. Die Zwiebel abziehen, fein würfeln und im restlichen Bratfett glasig dünsten. Die Tomaten enthäuten, entkernen und in Würfel schneiden. Die Tomatenwürfel mit den Korinthen, den Pinienkernen und dem Reis zu den Zwiebeln geben und erhitzen. Den Reis mit Salz, Pfeffer, Cayennepfeffer und Paprikapulver kräftig würzen. Die gebratene Hähnchenleber unter den Reis heben, nochmals alles erhitzen und abschmecken. Den Reis mit Pfefferminze bestreut servieren.

Kuzu Etli Pilav

Reis mit Lammfleisch

(Foto)

1 kg Lammkeule
250 g Zwiebeln
4 EL Olivenöl
2 EL Tomatenmark
Salz
weißer Pfeffer
1 Msp. Zimt
1 Msp. Gewürznelken
1 l klare Fleischbrühe
250 g Langkornreis
Dill zum Garnieren

Die Lammkeule unter fließendem kaltem Wasser abspülen, trockentupfen und den Knochen herauslösen. Das Fleisch in Würfel schneiden. Die Zwiebeln abziehen, halbieren, in Scheiben schneiden. Olivenöl in einem großen Topf erhitzen und das Fleisch kräftig anbraten. Zwiebeln zugeben und kurz mit andünsten. Tomatenmark, Salz, Pfeffer, Zimt und Nelkenpulver unterrühren und die heiße Brühe zugießen.
Bei mittlerer Hitze etwa 1 Stunde garen. Etwa 20 Minuten vor dem Ende der Garzeit den Reis unterrühren und ausquellen lassen. Den Reis nochmals mit den Gewürzen abschmecken. Auf einem großen Teller anrichten und mit Dillspitzen garnieren.
Tip: Dazu schmecken Fladenbrot und Grüne Bohnen.

Baharatlı Pilav

Butterreis mit Kräutern

300 g Rundkornreis
600 ml Wasser
100 g Butter
1 Zwiebel
600 ml Rindfleisch- oder Hühnerbrühe
1 EL Salz
weißer Pfeffer
2 EL gehackte Petersilie
2 EL gehackter Dill
2 EL gehackte Pfefferminze

Den Reis abspülen, gut abtropfen lassen und in eine Schüssel geben. Das heiße Wasser über den Reis geben und 1 Stunde ziehen lassen. Anschließend den Reis herausnehmen und unter fließendem kaltem Wasser nochmals abspülen und gut abtropfen lassen. Die Butter in einem Topf erhitzen und die abgezogene, feingehackte Zwiebel darin andünsten. Den Reis dazugeben und kurz mitdünsten. Die Rindfleisch- oder Hühnerbrühe angießen.
Das Salz unterrühren und den Reis zum Kochen bringen. Bei mäßiger Hitze den Reis 25-30 Minuten ausquellen lassen.
Anschließend den Reis mit Salz und Pfeffer kräftig würzen, die gehackten Kräuter unterheben und servieren.

Evde Yapılmış Baharatlı Makarna

Hausgemachte Gewürznudeln

225 g Weizenmehl
140 g Hartweizengrieß
3 Eier
1 EL Salz
1 Prise geriebene Muskatnuß
2 EL Wasser
3 EL Olivenöl
1 EL gehackte glatte Petersilie
1 EL Paprikapulver
2 EL geriebener Schafskäse (kaşar)
Weizenmehl zum Ausrollen
Salzwasser
Olivenöl

Das Mehl auf eine Arbeitsfläche sieben, Hartweizengrieß hinzugeben und eine Mulde eindrücken. Die Eier auf das Mehl geben. Salz und Muskatnuß darüberstreuen. Wasser und Olivenöl darüberträufeln.
Mit bemehlten Händen von außen nach innen zu einem festen Teig verkneten. Den Teig in ein feuchtes Küchentuch wickeln und im Kühlschrank mindestens 1 Stunde ruhen lassen. Anschließend den Teig in drei Stücke teilen. Einen Teil mit verlesener, gewaschener und feingehackter Petersilie, den anderen mit Paprikapulver und den dritten mit Schafskäse vermischen.
Den Teig erneut in ein feuchtes Küchentuch wickeln und im Kühlschrank 1/2 Stunde ruhen lassen. Die gewürzten Teige anschließend auf einer bemehlten Arbeitsfläche dünn ausrollen und mit Hilfe einer Nudelmaschine die Nudeln herstellen. Falls Sie keine Nudelmaschine haben, dann rollen Sie den Teig zu etwa 2 mm dicken Platten aus und legen ihn zum Trocknen auf Küchentücher. Wenn die Nudelplatten getrocknet sind (sie dürfen aber nicht zu trocken sein), sie in die gewünschte Länge und Breite schneiden. Die Nudeln in Salzwasser mit etwas Olivenöl garen. Nach dem Garen die Nudeln unter fließendem kaltem Wasser abspülen, gut abtropfen lassen, in Butter oder Olivenöl kurz braten, anrichten und servieren.

Patates Ezmesi

Kartoffelbrei mit Knoblauch und Olivenöl

4 große mehligkochende Kartoffeln (etwa 800 g)
4 Knoblauchzehen
etwa 1/2 TL Salz
10 EL Olivenöl

Kartoffeln schälen, waschen, gar kochen und dann pürieren. Knoblauch abziehen, durchpressen, mit etwas Salz mischen.
Die Knoblauch-Salz-Mischung unter den Kartoffelbrei heben. Das Olivenöl portionsweise dazugeben, kräftig aufschlagen, bis der Brei hellgelb und cremig ist.

Mantı

Nudeltaschen
(8 Portionen)

1 Rezept Nudelteig (Seite 96)
500 g Rindergehacktes
2 Zwiebeln
2-3 EL Olivenöl
2 EL Tomatenmark
1 Bund Petersilie
2 Knoblauchzehen
1 TL Salz
1 TL Oregano
1 TL Basilikum
Salz
frisch gemahlener Pfeffer
1 Prise Cayennepfeffer
Eiweiß zum Bestreichen
Salzwasser
Olivenöl zum Ausbacken

Den Nudelteig ohne die Gewürzzutaten, wie auf Seite 96 (Rezept Hausgemachte Gewürznudeln) beschrieben, vorbereiten.
Den Teig auf einer bemehlten Arbeitsfläche dünn ausrollen und je nach Geschmack Quadrate, Rechtecke oder Kreise ausschneiden. Das Rindergehackte in eine Schüssel geben. Die Zwiebeln abziehen und fein würfeln. Das Olivenöl in einer Pfanne erhitzen und die Zwiebelwürfel darin andünsten. Das Tomatenmark unter die Zwiebeln rühren. Die Zwiebeln zum Rindergehackten geben. Die verlesene, gewaschene und feingehackte Petersilie ebenfalls zum Fleisch geben. Die Knoblauchzehen abziehen, fein hacken, das Salz dazugeben und zu einer Paste zerreiben. Die Knoblauchpaste mit dem Oregano und dem Basilikum zum Fleisch geben und alles zu einer glatten kompakten Masse verarbeiten. Die Fleischmasse mit Salz, Pfeffer und Cayennepfeffer kräftig würzen. Die Fleischmasse gleichmäßig auf die Teigplatten verteilen. Das Eiweiß mit etwas Wasser verschlagen und die Teigränder damit einstreichen. Die Teigplatten zusammenklappen und die Ränder gut festdrücken. Salzwasser in einem Topf erhitzen, die Nudeltaschen hineingeben, so lange garen, bis sie bißfest sind. Die Nudeltaschen abtropfen lassen.
In einem Topf Olivenöl erhitzen, die Nudeltaschen darin schwenken und servieren.
Tip: Knoblauchjoghurt dazu reichen (siehe Rezept Seite 84).

Kıymalı Mantı

Nudeltaschen mit Lammhack
(Foto)

Für die Nudeltaschen:

350 g Weizenmehl
2 Eier
1 EL Essig
4 EL Wasser

Für die Lammhackfüllung:

250 g Lammgehacktes
50 ml Olivenöl
1 TL Salz
2 Knoblauchzehen
1 Zwiebel
1 Peperoni
1 rote Paprikaschote
1 Essiggurke
2 EL Tomatenmark
Salz
frisch gemahlener Pfeffer
1 TL abgeriebene Zitronenschale (unbehandelt)
1 TL gehackte Minze
1 Eiweiß
1 EL Wasser
150 ml flüssige Butter
2 EL Paprikapulver
2 EL gehackte Petersilie
einige Tropfen Zitronensaft

Mehl in eine Schüssel sieben. Eier, Essig und Wasser dazugeben, zu einem Teig verkneten. Eine Stunde in Alufolie eingewickelt ruhen lassen. Auf einer bemehlten Arbeitsfläche dünn ausrollen. Mit einem Messer aus den Teigplatten kleine Rechtecke oder Quadrate schneiden. Das Lammgehackte im erhitzten Olivenöl scharf braten. Die abgezogenen, mit Salz zerriebenen Knoblauchzehen dazugeben und kurz mitbraten. Die Zwiebel abziehen, fein würfeln, zum Fleisch geben und ebenfalls kurz mitbraten.
Die geputzte Peperoni fein hacken und zum Fleisch geben. Die Paprikaschote halbieren, entkernen, weiße Scheidewände entfernen, abspülen, gut abtropfen lassen, in kleine Würfel schneiden, zum Fleisch geben und kurz mitdünsten. Die Essiggurke fein würfeln, mit dem Tomatenmark unter das Fleisch rühren. Das Fleisch mit Salz, Pfeffer, der Zitronenschale und der Minze kräftig würzen. Die Fleischmasse gleichmäßig auf die Nudelquadrate oder Rechtecke verteilen. Das Eiweiß mit etwas Wasser verschlagen und die Teigränder damit bestreichen. Die Teigränder übereinanderklappen und fest zusammendrücken. Salzwasser in einem Topf erhitzen und die Nudeltaschen darin garen. Herausnehmen, gut abtropfen lassen und anrichten. Die flüssige Butter mit dem Paprikapulver und der Petersilie vermischen und mit Zitronensaft, Salz und Pfeffer würzen. Die Gewürzbutter über die angerichteten Nudeltaschen verteilen und servieren.

Patatesli Mantı

Nudeltaschen mit Kartoffelfüllung
(Foto)

Für die Nudeltaschen:

350 g Weizenmehl
2 Eier
1 EL Essig
4 EL Wasser

Für die Kartoffelfüllung:

750 g Kartoffeln (mehligkochend)
5 EL Olivenöl
1 Zwiebel
2 Knoblauchzehen
Salz
frisch gemahlener Pfeffer
1 TL gemahlener Kreuzkümmel
1 Prise Cayennepfeffer
1 Bund Petersilie
2-3 Eier
150 g Schafskäse
Eiweiß zum Bestreichen
1 1/2 l Salzwasser
125 g Butter
Salz

Das Mehl in eine Schüssel sieben. Eier, Essig und Wasser dazugeben und zu einem Teig verkneten. Eine Stunde in Alufolie eingewickelt ruhen lassen. Auf einer bemehlten Arbeitsfläche dünn ausrollen. Mit einem Glas oder einer Ausstechform runde Teigplatten (Durchmesser 8-10 cm) ausstechen.

Für die Füllung Kartoffeln waschen, schälen, gar kochen und durch eine Kartoffelpresse geben. Das Olivenöl in einem Topf erhitzen. Die Zwiebel abziehen, würfeln und andünsten. Die mit den abgezogenen, mit Salz zerriebenen Knoblauchzehen und der Kartoffelmasse dazugeben. Die Masse mit Salz, Pfeffer, Kreuzkümmel und Cayennepfeffer kräftig würzen. Die verlesene, gewaschene und feingehackte Petersilie unter die Kartoffelmasse heben. Die verschlagenen Eier sowie den gewürfelten Schafskäse untermischen und gleichmäßig auf die Nudelplatten verteilen. Das Eiweiß verquirlen und die Ränder der Nudelplatten damit bestreichen. Die Teigplatten zusammenklappen und die Ränder gut andrücken. Salzwasser in einem Topf erhitzen und die Teigtaschen darin etwa 10 Minuten gar ziehen lassen. Butter und Salz in einer Pfanne erhitzen und darüber geben.
Tip: Dazu eine Lammkeule mit Schafskäse servieren (Rezept Seite 42).

Die klassischen Spezialitäten einer ideenreichen Landesküche müssen nicht immer viel Platz einnehmen. Kulinarisches Kleinformat hat auch seinen Reiz. Bestes Beispiel ist „Börek", eine Leckerei, die wohl jeder Türkei-Besucher schon einmal probiert hat und die sowohl im Urlaub als auch zu Hause zum wiederholten Genuß einlädt.
Börek ist an sich ein Blätterteiggebäck mit unterschiedlichen Füllungen. Überwiegend wird Hackfleich dafür genommen. Ansonsten bestimmen Fisch, Käse, Spinat oder Kräuter abwechselnd das schmackhafte Innenleben und machen je nach Zubereitungsart und -form alles möglich – mal eine leichte Vorspeise, mal ein leckeres Hauptgericht.

Tavuklu Poğaça

Hähnchenfleisch-Strudel
(Foto Seite 102/103)

Für das Hähnchenfleisch:
1 Hähnchen à 1200 g
1 TL Salz
1 abgezogene Zwiebel
1 Bund Suppengemüse
1 Msp. Muskatblüte

Für den Teig:
250 g Weizenmehl
1 Ei, 3 EL Olivenöl
1 Prise Salz
3 EL Wasser

Für die Füllung:
3 Zwiebeln, 2 Knoblauchzehen
4 EL Olivenöl
1 EL Weizenmehl
125 ml (1/8 l) heiße Milch
Salz, weißer Pfeffer
geriebene Muskatnuß
150 g Tiefkühlerbsen
1 kleines Glas (225 g) Tomatenpaprika
150 g gewürfelter Schafskäse
1 Bund glatte Petersilie
40 g Butter zum Bestreichen
Mehl zum Ausrollen

Das Hähnchen unter fließendem kaltem Wasser abspülen, trockentupfen. In etwa 2 Liter Wasser 1 Teelöffel Salz geben und das Hähnchen hineingeben. Zwiebel abziehen, das Suppengemüse putzen, waschen, zu dem Hähnchen geben. Muskatblüte hinzugeben und aufkochen lassen, die Brühe abschäumen. Das Hähnchen 60 Minuten kochen und in der Brühe abkühlen lassen. In der Zwischenzeit den Teig zubereiten.

Für den Teig:
Das Mehl auf die Arbeitsfläche geben und in die Mitte eine Vertiefung drücken. Ei, Öl, Salz hinzugeben und das Wasser nach und nach zugießen. Alles zu einem geschmeidigen Teig verkneten. Den Teig in Folie wickeln und 1 Stunde ruhen lassen.

Für die Füllung:
Zwiebeln und Knoblauch abziehen, beides fein würfeln, im heißen Öl andünsten. Das Mehl darüberstäuben, die heiße Milch zugeben und gut umrühren. Mit Salz, Pfeffer und Muskatnuß würzen, aufkochen lassen. Das Hähnchen aus der Brühe nehmen, abtropfen lassen. Haut und Knochen entfernen. Fleisch in kleine Würfel schneiden. Die tiefgekühlten Erbsen, abgetropfte Tomatenpaprika und Käse mit der Füllung verrühren. Petersilie waschen, trockentupfen, fein hacken und in die Sauce geben. Nochmals würzen. Den Teig dünn zu einem Rechteck ausrollen (30 x 40 cm).
Die Füllung darauf verteilen, 3 cm an der längeren Seite frei lassen. Teig von der längeren Seite aufrollen und die Enden andrücken. Das Backblech einfetten, den Strudel darauflegen und mit der restlichen Butter bestreichen. In den vorgeheizten Backofen schieben und bei etwa 200 °C (Heißluft etwa 180 °C) 40 Minuten backen.

Tavuklu Börek

Börek mit Huhn

1 küchenfertiges Suppenhuhn (1000 g)
2 l Salzwasser
2 Lorbeerblätter
einige Wacholderbeeren
einige Pfefferkörner
2 Zwiebeln
2 EL Olivenöl
1 Zwiebel
1 Knoblauchzehe
175 g Rundkornreis
500 ml (1/2 l) Hühnerbrühe
Salz
frisch gemahlener Pfeffer
50 g eingeweichte Korinthen
50 g gehackte Pinienkerne
2 EL Olivenöl
125 g Butter
500 g Yufka (Teigplatten)
1 TL Zimt

Das Suppenhuhn unter fließendem Wasser abspülen, trockentupfen. Das Salzwasser mit Lorbeerblättern, Wacholderbeeren, Pfefferkörnern und abgezogenen, kleingeschnittenen Zwiebeln in einen Topf geben und zum Kochen bringen. Das Huhn in den Sud geben und bei mäßiger Hitze 60 Minuten köcheln lassen. Nach Ende der Garzeit das Suppenhuhn herausnehmen, gut abtropfen lassen, erkalten lassen und das Fleisch von den Knochen lösen. Das Olivenöl in einem Topf erhitzen. Die geschälte, feingehackte Zwiebel sowie die abgezogene, feingehackte Knoblauchzehe darin glasig werden lassen. Den gewaschenen Reis dazugeben und kurz mitschwitzen. Mit der Hühnerbrühe angießen, mit Salz und Pfeffer würzen und den Reis bei mäßiger Hitze und unter ständigem Rühren so lange ausquellen lassen, bis die Brühe aufgesogen ist. Anschließend die Korinthen und die gehackten Pinienkerne unterziehen. Eine Auflaufform mit Olivenöl ausstreichen und die Butter in einem Topf zerlassen. Eine Teigplatte in die gefettete Auflaufform hineinlegen. Die Teigplatten zerkleinern, mit Reis und Hühnerstückchen in die Auflaufform schichten. Die Hälfte der Butter darübergießen. Die restlichen Teigplatten darübergeben. Die überstehenden Teigränder über das Börek klappen und mehrmals mit einem scharfen Messer einschneiden. Mit dem Rest der Butter bestreichen. Im vorgeheizten Backofen bei etwa 200 °C (Heißluft etwa 180 °C) etwa 25 Minuten backen. Mit Zimt bestreuen und servieren.

Ay Çöreği

Strudelhörnchen
(Foto)

Für den Teig:

200 g Weizenmehl
etwas Salz
lauwarmes Wasser
50 ml (3 EL) Speiseöl
50 g zerlassene Margarine oder Butter

Für die Füllung:

100 g abgezogene, gehackte Mandeln
50 g sehr fein gehackte Walnußkerne
100 g Korinthen
3 EL Weinbrand
60 g Zucker
4 Eigelb
1 EL abgeriebene Zitronenschale (unbehandelt)
1/2 TL gemahlener Zimt

Zum Bestreichen:

2 Eigelb
etwas Wasser
4 EL Hagelzucker

Das Mehl in eine Schüssel sieben. Salz, Wasser und Öl hinzugeben. Alle Zutaten mit einem Handrührgerät mit Knethaken zunächst auf niedrigster, dann auf höchster Stufe gut durcharbeiten. Anschließend auf der Arbeitsfläche zu einem glatten Teig verarbeiten. Sollte der Teig kleben, ihn eine Zeitlang kalt stellen. Den Teig auf Pergamentpapier in einen heißen, trockenen Kochtopf legen (vorher Wasser darin kochen). Mit einem Deckel verschließen, etwa 30 Minuten ruhen lassen. Den Teig auf einem bemehlten, großen Küchentuch dünn ausrollen. Dünn mit der Margarine oder Butter bestreichen. Mit einem scharfen Messer zuerst in Quadrate (etwa 12 x 12 cm), dann in Dreiecke schneiden. Für die Füllung Mandeln mit Walnußkernen und Korinthen in eine Schüssel geben. Mit Weinbrand beträufeln und einweichen lassen. Zucker mit Eigelb, Zitronenschale und Zimt unter die Masse rühren. Die Füllung gleichmäßig auf die Dreiecke verteilen. Die Dreiecke von der breiten Seite her zusammenrollen. Zu Hörnchen formen und auf ein gefettetes Backblech legen und bei etwa 180 °C (Heißluft etwa 160 °C) im vorgeheizten Backofen 10-15 Minuten backen. Zum Bestreichen das Eigelb mit dem Wasser verrühren. Die Hörnchen damit bestreichen und mit Hagelzucker bestreuen. Kalt oder warm servieren.

Puf Böreği

Daunenpastetchen
(25 Stück)

Zuerst die Füllungen zubereiten.

Für die Hackfleischfüllung:

1 kleine Zwiebel
2 EL Olivenöl
125 g Rindergehacktes
gemahlener Kreuzkümmel
Salz, Pfeffer
Knoblauch

Zwiebel abziehen, fein schneiden. Olivenöl erhitzen, die Zwiebel anbraten. Das Hackfleisch dazugeben, mit der Gabel zerkleinern und mitbraten. Mit Kreuzkümmel, Salz und Knoblauch würzen.

Für die Käsefüllung:

1 kleine Zwiebel
2 EL Olivenöl
80 g Schafskäse
1 TL Petersilie
1 TL Schnittlauch
2-3 EL Schlagsahne

Zwiebel abziehen und fein schneiden. Olivenöl erhitzen und die Zwiebel anbraten. Käse klein schneiden. Petersilie und Schnittlauch verlesen, waschen, fein schneiden. Alles in eine Schüssel geben und mit der Sahne zu einer geschmeidigen Masse verrühren.

Für die Spinatfüllung:

200 g Spinat
20 g Butter
1 kleine Zwiebel
2 EL Olivenöl
Kreuzkümmel
Salz
frisch gemahlener Pfeffer
Knoblauch

Spinat verlesen, waschen, gut abtropfen und in einem Topf zusammenfallen lassen, evtl. Flüssigkeit abgießen. Zwiebel abziehen, fein schneiden und in der heißen Butter andünsten. Mit Salz, Pfeffer, Kreuzkümmel und Knoblauch würzen, warm stellen.

Für den Teig:

4 EL Zitronensaft
warmes Wasser
6 EL Olivenöl
125 ml (1/8 l) warmes Wasser
300 g Weizenmehl
Mehl zum Ausrollen
1 Eigelb
2 EL Wasser
Öl zum Bepinseln
viel Öl/Fett zum Fritieren
Küchentuch und Papier zum Abtropfen

Zitronensaft, Wasser und Öl in einer Schüssel mit Salz verrühren. Nach und nach das Mehl hineingeben, bis der Teig nicht mehr klebt, aber noch weich ist. Den Teig in 8 Stücke teilen und diese auf einer mit Mehl bestäubten Arbeitsfläche zu kleinen Fladen ausrollen.

6 davon mit Öl bestreichen, 2 ohne Öl. Je 4 Fladen aufeinander legen. Der oberste Fladen bleibt ohne Öl. Die Ränder gut zusammendrücken. Die so entstandenen Fladen auf bemehlter Arbeitsfläche 2 - 3 mm dünn ausrollen. Mit Teigrädchen ovale Stücke ausschneiden. Die Füllung walnußgroß daraufgeben und die Ränder mit dem verschlagenen Eigelb bestreichen. Die Hälfte des Teiges umklappen und Ränder gut festdrücken. In heißem Fett fritieren. Gut abtropfen lassen.

Peynirli Ay Çöreği

Joghurthörnchen mit Käse
(6 - 8 Portionen)

1 Becher (150 g) Joghurt
125 ml (1/8 l) Olivenöl
125 g geriebener Schafskäse
2-3 EL Milch
2 Eier
1 EL Zucker
1 Prise Salz
500 g Weizenmehl
1 TL Backpulver
Weizenmehl zum Ausrollen
Olivenöl zum Ausfetten
2 Eigelb
2 EL Olivenöl
3 EL Mohn
3 EL Sesamsamen

Den Joghurt und das Olivenöl in eine Schüssel geben und glattrühren. Den Schafskäse mit der Milch verrühren, mit den Eiern und dem Zucker zum Joghurt geben. Das Salz mit dem Mehl und dem Backpulver vermischen und auf eine Arbeitsfläche geben. Eine Mulde eindrücken und die Joghurtmasse hineingießen.
Die Zutaten von außen nach innen zu einem glatten Teig verkneten. Den Teig in ein feuchtes Küchentuch wickeln und mindestens 1 Stunde ruhen lassen. Anschließend auf einer bemehlten Arbeitsfläche dünn ausrollen. Mit einem Messer Dreiecke ausschneiden. Die Dreiecke von der breiten Seite her zusammenrollen und zu Hörnchen formen. Ein Backblech mit Olivenöl fetten und die Hörnchen darauflegen. Das Eigelb mit dem Olivenöl verrühren und die Hörnchen damit bestreichen. Je nach Geschmack die Hörnchen mit Mohn oder Sesamsamen bestreuen und im vorgeheizten Backofen bei etwa 180 °C (Heißluft etwa 160 °C) 15 - 20 Minuten backen. Warm oder kalt servieren.

Lahmacun

Teigfladen mit Hackfleisch
(Foto, 4-6 Portionen)

500 g Weizenmehl
1 Päckchen Trocken-Backhefe
1 EL Zucker
1 EL Salz
1 TL Kreuzkümmel
1 Becher (150 g) Joghurt
200 ml lauwarmes Wasser
Mehl zum Ausrollen
2-3 EL Tomatenmark
400 g Rindergehacktes
60 ml Olivenöl
2 Zwiebeln
1 Peperoni
2 Knoblauchzehen
1 TL Salz
1 TL Oregano
1 Bund glatte Petersilie
Salz
frisch gemahlener Pfeffer
1 EL Paprikapulver

Weizenmehl mit der Trocken-Backhefe, Zucker, Salz und Kreuzkümmel vermischen, in eine Schüssel geben. Den Joghurt und das Wasser dazugeben. Die Zutaten zu einem glatten, geschmeidigen Teig verkneten. In eine Schüssel geben, abdecken und an einem warmen Ort mindestens 30 Minuten gehen lassen und nochmals gut durchkneten. Den Teig auf einer bemehlten Arbeitsfläche 1 cm dick ausrollen und 4 große Platten von gut 20 cm Durchmesser ausrollen. Anschließend auf zwei gefettete Backbleche legen und mit Tomatenmark bestreichen. Das Rindergehackte in einer Pfanne in erhitztem Olivenöl scharf anbraten. Zwiebeln abziehen, fein würfeln und kurz mitbraten. Die geputzte Peperoni fein hacken. Die abgezogenen Knoblauchzehen mit Salz zerreiben, mit dem Oregano zum Fleisch geben. Die verlesene, gewaschene und feingehackte Petersilie untermischen, mit Salz und Pfeffer sowie Paprikapulver das Fleisch kräftig würzen. Die Fleischmasse etwas erkalten lassen und gleichmäßig auf den Teigfladen verteilen. Nochmals etwa 10 Minuten gehen lassen. In den vorgeheizten Backofen schieben und bei etwa 180 °C (Heißluft etwa 160 °C) etwa 15 Minuten backen. Herausnehmen, zusammenlegen und servieren.

Kıymalı Poğaça

Gefüllte Brotfladen

Brotfladenteig (Seite 113)
Mehl zum Ausrollen
5 EL Olivenöl
2 Zwiebeln
250 g Lamm- oder Rindergehacktes
2-3 Tomaten
2 EL Tomatenmark
1 EL Paprikapulver
1/2 Bund Petersilie
Salz
frisch gemahlener Pfeffer
1 Prise Cayennepfeffer
1 TL Oregano
2 Eigelb
4 EL Wasser
2 EL Sesamsamen

Den Brotfladenteig wie beschrieben vorbereiten und auf einer bemehlten Arbeitsfläche ausrollen. Mit dem Messer oder mit Hilfe einer Ausstechform runde Fladen ausstechen und bereitlegen. Für die Füllung das Olivenöl in einem Topf erhitzen. Die abgezogenen und in Streifen geschnittenen Zwiebeln dazugeben und andünsten. Das Lamm- oder Rindergehackte dazugeben und braten. Die enthäuteten, entkernten und in Würfel geschnittenen Tomaten mit dem Tomatenmark unterrühren. Mit Paprikapulver würzen und einmal aufkochen lassen. Die verlesene, gewaschene und feingehackte Petersilie untermischen. Die Füllung mit Salz, Pfeffer, Cayennepfeffer und Oregano kräftig würzen, von der Kochstelle nehmen und erkalten lassen. Anschließend die Füllung gleichmäßig auf die Teigplatten verteilen. Die Teigfladen zusammenklappen und die Ränder gut festdrücken. Ein Backblech fetten und die gefüllten Brotfladen darauflegen, 10 Minuten gehen lassen. Das Eigelb mit Wasser verschlagen und die Brotfladen damit bestreichen. Mit den Sesamsamen bestreuen und im vorgeheizten Backofen bei etwa 180 °C (Heißluft etwa 160 °C) 15-20 Minuten ausbacken. Warm oder kalt servieren.

Sucuklu Tavuklu Poğaça

Fladen mit Huhn und Knoblauchwurst

250 g Weizenmehl
1/2 Päckchen Backpulver
1 Prise Salz
100 g Joghurt
125 g Butter
Weizenmehl zum Ausrollen
250 g Hartwurst (Sucuk)
250 g gekochtes Hühnerfleisch
2 EL Olivenöl
1 Zwiebel
2 Peperoni
3-4 Tomaten
Salz
frisch gemahlener Pfeffer
Olivenöl zum Ausfetten
1 Ei

Das Weizenmehl mit dem Backpulver und dem Salz vermischen und auf eine Arbeitsfläche sieben. Eine Mulde eindrücken und den Joghurt hineingeben. Die Butter in Flöckchen auf das Mehl setzen und von außen nach innen schnell zu einem glatten Teig verkneten. Den Teig in ein feuchtes Küchentuch wickeln und im Kühlschrank mindestens 1 Stunde ruhen lassen. Anschließend den Teig in 8-12 kleine Portionen teilen und auf einer bemehlten Arbeitsfläche jeweils zu 1/2 cm dünnen Vierecken ausrollen. Die Hartwurst und das Hühnerfleisch in feine Würfel schneiden. Das Olivenöl in einer Pfanne erhitzen, die geschälte und feingehackte Zwiebel sowie die geputzten, gehackten Peperoni darin kurz anschwitzen. Die enthäuteten, entkernten und in Würfel geschnittenen Tomaten zur Zwiebel geben und kurz mitdünsten. Die Hartwurst und das Hühnerfleisch dazugeben und einmal aufkochen lassen, mit Salz und Pfeffer kräftig würzen, von der Kochstelle nehmen und erkalten lassen. Die Masse gleichmäßig auf die Teigvierecke verteilen. Die Vierecke zusammenfalten und die Teigränder gut zusammendrücken. Die Teigstücke auf ein mit Olivenöl gefettetes Backblech setzen, das Ei kräftig verschlagen und die Teigstücke damit bestreichen. Das Backblech in den vorgeheizten Backofen bei etwa 200 °C (Heißluft etwa 180 °C) 25-30 Minuten backen. Herausnehmen und kalt oder warm servieren.

Pide

Brotfladen

500 g Weizenmehl
125 ml (1/8 l) Milch
1 Prise Zucker
30 g Hefe
100 g handwarme Butter
2 Eier, 1 EL Salz
2-3 EL Olivenöl
2 Eigelb, 4 EL Wasser
1 EL Kümmel
1 EL grobes Salz
1 EL Korianderkörner

Weizenmehl in eine Schüssel sieben. Die Milch erwärmen, den Zucker einrühren und die Hefe hineinbröckeln. Die Hefemilch 10-15 Minuten gehen lassen. Anschließend die Hefemilch mit Butter, Eiern, Salz und Olivenöl zum Mehl geben, zu einem glatten Teig verrühren. Den Teig abdecken, an einem warmen Ort 30 Minuten gehen lassen. Nochmals kräftig durchrühren, erneut 30 Minuten gehen lassen. Anschließend portionsweise kleine Kugeln abdrehen, diese auf einer bemehlten Arbeitsfläche ausrollen. Ein Backblech mit etwas Olivenöl fetten, die Teigfladen darauflegen. Das Eigelb mit Wasser verrühren, die Teigfladen damit einstreichen. Anschließend mit Kümmel, Salz und Korianderkörnern bestreuen. Nochmals 10 Minuten gehen lassen, im vorgeheizten Backofen bei etwa 180 °C (Heißluft etwa 160 °C) 15-20 Minuten backen.

Zuckersüß und ungemein verführerisch präsentieren sich türkische Desserts. Wer Essen so gern zelebriert wie die Menschen zwischen İzmir und Antalya, der läßt kein Menü ausklingen ohne den passenden genußvollen Schlußakkord. Verheißungsvolle Namen wie „Frauennabel“ oder „Lippen der Schönen“ halten denn auch zweifellos, was sie mit lockendem Klang versprechen. Leckermäuler und Naschkatzen – selbst die der verwöhnten Sorte – sind hier in ihrem Element. Kalorienbewußte Schlemmer hingegen haben's schwer. Zwar gibt es Joghurt genug, doch ist der mit Sirup überzogene Spritzkuchen, das Hörnchen mit seiner überreichen Knabbernußfüllung und die in Olivenöl gebackenen Röllchen, die der dafür anfälligen Taille die Hölle, der Zunge indes den Himmel auf Erden bescheren.

İrmik Suflesi

Grießsoufflé mit Sirup und Sahne

(Foto Seite 114/115)

Für den Sirup:

500 ml (1/2 l) Orangensaft
500 g Zucker
1 EL abgeriebene Orangenschale (unbehandelt)
einige Tropfen Weinbrand

Für das Soufflé:

8 Eigelb
125 g Zucker
1 Päckchen Vanillin-Zucker
1 EL abgeriebene Zitronenschale (unbehandelt)
1 EL abgeriebene Orangenschale (unbehandelt)
2 EL Orangensaft
2 EL Weinbrand
125 g Grieß
75 g Weizenmehl
8 Eiweiß, 1 Prise Salz
Butter zum Ausfetten
200 ml Schlagsahne
1 TL Zucker

Für den Sirup den Orangensaft mit dem Zucker in einem Topf 15 Minuten kochen. Von der Kochstelle nehmen, Orangenschale und Weinbrand hinzugeben, umrühren und erkalten lassen. Für das Soufflé das Eigelb in einer Schüssel mit dem Vanillin-Zucker schaumig schlagen. Zitronen- und Orangenschale dazugeben. Den Orangensaft und den Weinbrand unterrühren. Grieß und Weizenmehl mischen, unter die Eigelbmasse heben. Das Eiweiß mit dem Salz zu steifem Schnee schlagen und vorsichtig unter die Masse heben. 6-8 Auflaufförmchen (Durchmesser 10 cm) ausfetten und die Grießmasse hineingeben. Im vorgeheizten Backofen bei 180-200 °C (Heißluft 160-180 °C) 20-25 Minuten backen.
Die Souffléförmchen aus dem Ofen nehmen und das Soufflé mit dem kalten Sirup begießen. Sahne mit dem Zucker steif schlagen. Den getränkten Grießkuchen mit der Sahne garnieren und servieren.

Kağıt Helvası

Honigstäbchen

75 g abgezogene, gehackte Mandeln
50 g abgezogene, gehackte Haselnüsse
200 g Blütenhonig
1 EL Rosenwasser
Eischnee von 1 Eiweiß
4 große, viereckige Oblaten

Mandeln und Haselnüsse in einer Pfanne ohne Fettzugabe leicht anrösten. Honig zum Kochen bringen. Von der Kochplatte nehmen und das Rosenwasser hinzugeben. Eischnee unterrühren, wieder auf die Kochplatte setzen, aber nicht kochen lassen. Nußmasse unterheben. Auf zwei Oblaten verteilen, mit den anderen beiden bedecken. Vor dem Erkalten in kleine Stäbchen von 1 x 4 cm schneiden.

Bademli Muhallebi

Mandelpudding

500 ml (1/2 l) Milch
75 g Zucker
1 Päckchen Vanillin-Zucker
100 g abgezogene, gemahlene Mandeln
30 g Kokosflocken
50 g Reismehl
1 EL abgeriebene Zitronenschale
100 ml Joghurt
3 Eigelb
4 EL Pistazienkerne

Die Milch mit dem Zucker, dem Vanillinzucker und den Mandeln in einen Topf geben und bei mäßiger Hitze 5-6 Minuten köcheln lassen. Die Kokosflocken mit dem Reismehl und der Zitronenschale unterrühren und unter ständigem Rühren 6-8 Minuten das Reismehl ausquellen lassen. Den Mandelpudding von der Kochstelle nehmen. Den Joghurt und das Eigelb miteinander verrühren und den Mandelpudding damit legieren. Den Mandelpudding in eine mit Wasser ausgespülte Form geben, erkalten lassen, stürzen und mit Pistazienkernen bestreuen und servieren.

Ayva Tatlısı

Quitten in Honigsirup

200 g Honig
200 g Zucker
1 unbehandelte Zitrone
4 Gewürznelken
1 Zimtstange
250 ml (1/4 l) Wasser
4 mittelgroße, reife Quitten
2 EL Rosenwasser
4 EL Sauerkirschkonfitüre
1 Becher Crème fraîche oder 1 Becher steifgeschlagene Schlagsahne

Honig und Zucker in einen Topf geben. Die Zitrone dünn abschälen und auspressen. Zitronenschale, Zitronensaft, Nelken, Zimtstange, Wasser hinzugeben und aufkochen lassen. Quitten mit einem Geschirrtuch sorgfältig abreiben und halbieren oder vierteln. Das Kerngehäuse und alle holzigen Teile herausschneiden. Die Quittenhälften im Honigsud etwa 30-40 Minuten gerade weich garen, aber nicht kochen lassen. Im Sud über Nacht auskühlen lassen. Quitten in einem Durchschlag abtropfen lassen. Sud durch ein Sieb gießen, zu einem Sirup einkochen lassen, etwa die Hälfte bis ein Drittel der Ausgangsmenge, danach das Rosenwasser hinzugeben. Die Quitten mit dem Sirup bedecken und über Nacht gut durchkühlen lassen. Quittenhälften mit etwas Sauerkirschkonfitüre füllen.
Mit Crème fraîche oder steifgeschlagener Sahne servieren.

Baklava

Nußstrudel
(Foto)

Für den Teig:

350 g Weizenmehl
1 Prise Salz
4 Eier
3 EL Speiseöl
knapp 125 ml (1/8 l) lauwarmes Waser

Für die Füllung:

80 g Zucker
1 TL gemahlener Zimt
80 abgezogene, gehackte Mandeln
80 g gehackte Walnußkerne
80 g geschälte, gehackte Pistazien
75 g Butter
100 g Honig
Saft von 1 Zitrone
abgeriebene Schale von 1/2 Zitrone und 1/2 Orange (unbehandelt)
20 g Sesamsamen

Das Mehl in eine Rührschüssel sieben. Salz, Eier, Öl, lauwarmes Wasser hinzufügen. Die Zutaten mit Handrührgerät mit Knethaken zunächst kurz auf niedrigster, dann auf höchster Stufe gut durcharbeiten. Anschließend auf der Arbeitsfläche zu einem glatten Teig verkneten. Sollte der Teig kleben, ihn eine Zeitlang kalt stellen. Den Teig in zwei Portionen teilen, die Hälften auf der bemehlten Arbeitsfläche dünn ausrollen. Jede Teighälfte in 8 gleich große Rechtecke schneiden, die etwas größer sind als eine eckige Auflaufform (35 x 20 cm). 4 Teigplatten so in die Form legen, daß die Enden etwas überlappen. Für die Füllung Zucker mit Zimt mischen. Die Mandeln auf dem Teig verteilen, mit 1/3 des Zimt-Zucker-Gemisches bestreuen und mit 4 Teigplatten bedecken. Walnußkerne auf dem Teig verteilen und mit 1/3 des Zimt-Zucker-Gemisches bestreuen und wieder mit 4 Teigplatten bedecken. Die Pistazien auf dem Teig verteilen, mit dem restlichen Zimt-Zucker-Gemisch bestreuen. Mit den letzten 4 Teigplatten abdecken. Den Strudel mit einem spitzen Messer vorsichtig in etwa 16 Stücke schneiden. Butter in einem Topf zerlassen, über den Strudel gießen. In den vorgeheizten Backofen schieben und bei 220 °C etwa 45 Minuten backen. Nach dem Backen das Fett abgießen. Vorsichtig den Honig erhitzen, mit Zitronensaft, Zitronen- und Orangenschale mischen und den Strudel nach und nach damit tränken. Mit den Sesamsamen bestreuen.
Tip: Dazu einen Mocca reichen.

Ballı Ceviz Pastası

Honig-Nußkuchen
(6-8 Portionen)

500 g Weizenmehl
5 Eier
125 g Joghurt
350 g flüssige Butter
1 Prise Salz
Weizenmehl zum Ausrollen
100 g abgezogene Mandeln
100 g Walnußkerne
50 g Pistazienkerne
50 g Pinienkerne
Fett für die Form
250 g Honig
Saft von 1 Zitrone

Das Mehl auf eine Arbeitsfläche sieben und eine große Mulde eindrücken. Die Eier, den Joghurt und die flüssige Butter sowie das Salz dazugeben. Die Zutaten mit bemehlten Händen von außen nach innen zu einem glatten Teig verkneten. Den Teig in ein feuchtes Küchentuch wickeln und im Kühlschrank mindestens 1 Stunde ruhen lassen. Anschließend den Teig in 10 -15 Teile teilen und etwa 1 mm dicke Platten ausrollen. Die Mandeln, die Walnußkerne, die Pistazien und die Pinienkerne sehr fein hacken oder mahlen. Die Teigplatten schichtweise mit den Nüssen in eine gefettete Kasten- oder runde Auflaufform schichten. Die letzte Teigplatte mit etwas Fett bestreichen. Im vorgeheizten Backofen bei etwa 180 °C (Heißluft etwa 160 °C) 15 - 20 Minuten backen. In der Zwischenzeit den Honig mit dem Zitronensaft in einer Schüssel erhitzen. Den gebackenen Nußkuchen herausnehmen, mit dem flüssigen Honig überziehen und an einem kühlen Ort über Nacht ziehen lassen. Erst dann in Scheiben schneiden und servieren.

Elma Kompostosu

Pochierte Äpfel mit Sahne

4 große säuerliche Äpfel
125 ml (1/8 l) Wasser oder Weißwein
150 g Zucker
8 Gewürznelken
2-3 EL Zitronensaft
1 Becher Crème fraîche oder
1 Becher steifgeschlagene Schlagsahne

Äpfel schälen und das Kerngehäuse ausstechen. Wasser, Zucker und Zitronensaft in einem mittelgroßen Topf zum Kochen bringen, bis sich der Zucker aufgelöst hat. Äpfel in der oberen Rundung mit ein paar Nelken spicken und nebeneinander in den Topf stellen. Mit dem Sirup übergießen und den Topf zudecken. Bei gelegentlichem Begießen etwa 10 Minuten dünsten, bis die Äpfel gerade weich sind. Im Sirup abkühlen lassen. Zum Servieren Äpfel auf Dessertschalen legen. Auf die Mitte jeden Apfels Crème fraîche oder Schlagsahne geben und mit etwas Sirup übergießen.
Tip: In der Türkei verwendet man Kaymak, einen sehr festen und süß-säuerlichen Rahm aus Schafsmilch.

Kadın Göbeği

Frauennabel
(etwa 30 Stück)

Für den Sirup:

375 ml (3/8 l) Wasser
375 g Zucker
4 EL Zitronensaft
2 Vanilleschoten
100 g gehackte Pistazienkerne

Für den Teig:

250 ml (1/4 l) Wasser
75 g Butter, 1 Prise Salz
175 g Weizenmehl
3 Eier, Öl zum Ausbacken

Für den Sirup das Wasser mit dem Zucker in einem Topf 15 Minuten köcheln lassen. Das ausgeschabte Vanillemark und den Zitronensaft unterrühren. Den Sirup erkalten lassen. Für den Teig das Wasser mit der Butter und dem Salz in einen Topf geben und zum Kochen bringen. Das Mehl einrühren und zu einem Kloß rühren. Unter ständigem Rühren etwa 1 Minute erhitzen. Den heißen Kloß sofort in eine Schüssel geben. Die Eier nach und nach unter den Teig schlagen. Walnußgroße Kugeln formen und in der Mitte eine Mulde eindrücken. Das Olivenöl in einer Friteuse oder Pfanne erhitzen und die Teigstücke darin goldgelb ausbacken. Die noch heißen Gebäckstücke im Sirup wenden.
Mit gehackten Pistazienkernen bestreuen, vollständig erkalten lassen, dann servieren.

Elmalı Yoğurt

Apfeljoghurt

4 säuerliche Äpfel
Saft von 1 Zitrone
4 EL Zucker
2 EL Butter
125 ml (1/8 l) Wasser
100 g eingeweichte Korinthen
50 g Pinienkerne
50 g abgezogene, gehackte Mandeln
400 ml Joghurt
1 Päckchen Vanillin-Zucker
Zucker nach Geschmack

Die Äpfel schälen, vierteln, entkernen, fein würfeln und mit Zitronensaft beträufeln. Den Zucker und die Butter in einen Topf geben und karamelisieren lassen. Mit Wasser ablöschen und den Karamel loskochen. Die Äpfel dazugeben und bei mäßiger Hitze 6-8 Minuten dünsten lassen. Anschließend die Korinthen, die Pinienkerne und die Mandeln unterrühren, von der Kochstelle nehmen und erkalten lassen. Die Apfelmasse mit dem Joghurt vermischen, mit Vanillin-Zucker und Zucker nach Geschmack süßen. Den Apfeljoghurt anrichten und servieren.

Keşkül

Reismehlspeise mit Mandeln

500 ml (1/2 l) Schlagsahne
500 ml (1/2 l) Milch
125 g abgezogene, gemahlene Mandeln
150 g Zucker
1/2 TL Mandelextrakt oder
5 Tropfen Bittermandelöl
1 gehäufter EL (20 g) Reismehl
1 EL Granatapfelkerne
1 EL feingehackte, abgezogene Mandeln
1 EL gehackte, ungesalzene Pistazienkerne

Schlagsahne, zwei Drittel der Milch, gemahlene Mandeln, Zucker und Mandelextrakt oder Bittermandelöl zum Kochen bringen. Langsam etwa 20 Minuten kochen lassen, durch ein Sieb in eine Schüssel gießen und mit einem Löffel kräftig auf die Mandeln drücken, damit die gesamte Flüssigkeit herausläuft. Die Flüssigkeit in den Topf zurückgeben. Reismehl mit der restlichen Milch verrühren und in die Mandelmilch einrühren. Bei schwacher Hitze köcheln, dabei gelegentlich umühren. Die Milch so lange köcheln lassen, bis sie soweit angedickt ist, daß sie den Löffel leicht überzieht. Durch ein feines Sieb rühren, sofort auf Dessertschalen verteilen und nach dem Abkühlen in den Kühlschrank stellen. Vor dem Servieren mit Granatapfelkernen, Mandeln und Pistazien garnieren.

Ballı Peynir Böreği

Honig-Schafskäse-Pasteten

(Foto)

450 g Tiefkühl-Blätterteig
100 g Schafskäse
50 g Honig
1 TL gehackte Minze
2 Eier
3 EL Milch
40 g gehackte Pistazienkerne

Den Blätterteig antauen lassen, übereinanderlegen. Eine Platte von 32 x 40 cm ausrollen und mit einem Teigmesser in 8 x 8 cm große Stücke teilen. Schafskäse hacken und mit Honig, Minze und einem Ei verrühren. Je 1 Teelöffel Füllung vorsichtig auf den Teigstücken verteilen. Das Ei trennen, das Eiweiß verschlagen und die Teigstücke damit bestreichen, zu einem Dreieck zusammenklappen. Ränder gut mit einem Holzlöffelstiel zusammendrücken. Das Eigelb mit den 3 Eßlöffeln Milch verschlagen. Die Teigdreiecke mit der Eigelbmilch bestreichen und mit gehackten Pistazien bestreuen. Pasteten im vorgeheizten Backofen bei 200 - 220 °C (Heißluft 180 - 200 °C) etwa 12 Minuten backen.

Register nach Kapiteln

Vorspeisen / Mezeler

Suppen und Eintöpfe / Çorbalar

Fleisch und Geflügel / Etler ve Kümes Hayvanları

Fisch / Balıklar

Gemüse und Salate / Sebzeler ve Salatalar

Nudeln, Kartoffeln und Reis / Erişteler, Patatesler ve Pilavlar

Teiggerichte / Hamurlar

Desserts / Tatlılar

Alphabetisches Register

Umwelthinweis	Dieses Buch und der Schutzumschlag wurden auf chorfrei gebleichtem Papier gedruckt. Die Einschrumpffolie - zum Schutz vor Verschmutzung - ist aus umweltfreundlicher und recyclingfähiger PE-Folie.
	Die Rezepte sind - wenn nicht anders angegeben - für 4 Personen berechnet.
	Beim Kochen und Backen mit Gasherden beachten Sie bitte die Angaben des Herstellers.

Für die freundliche Unterstützung danken wir	Bauer Verlag, Hamburg GCI-Ringpress, Frankfurt

Redaktion	Jasmin Gromzik
Grafische Gestaltung	Rainer Haselhorst, Werther
Text und Beratung	Dr. Armağan Ok, Konstanz
Kapiteltexte	Doris Pieper, Rheda-Wiedenbrück
Titelfoto	Norbert Toelle, Bielefeld
Fotos Landschaften	Siegfried Himmer, Köln
Fotos Rezepte	Walter Cimbal, Hamburg Thomas Diercks, Hamburg Norbert Toelle, Bielefeld
Satz	Typografika, Bielefeld
Reproduktion	Kruse Reproduktionen GmbH, Vreden
Herstellung	Druckhaus Neue Stalling, Oldenburg

ISBN 3-7670-0425-9